Am Anfang war das Wort. Wort ist Klang und Klang ist Musik. Also war am Anfang Musik.

Aus dieser Folgerung ist harmonische Musik das Lebenselixier das uns hilft groß und stark zu sein um die vielen Aufgaben des Lebens zu meistern, um weiterzukommen, um sich zu bewähren, um weiser zu werden um vielleicht eine Erleuchtung zu erhalten.

Harmonische Musik hören oder selbst spielen ist ein Lebenselixier, ein Ohrenschmaus. Ob Pflanze, Tier oder Mensch, alle brauchen dieses Elixier, um größer, stärker und weiser auf dieser Welt zu werden.

Volker von Schintling-Horny

Volker von Schintling-Horny

Musik ist Leben

www.tredition.de

© 2015 LSH Volker von Schintling-Horny
Tel. 02102-31110   Hülsenbergweg 110   40885 Ratingen
Umschlag: Volker von Schintling-Horny
Einband Rückseite: Ein etruskischer Flötenspieler mit einer Doppelaulos
Layout & Lektorat: Susanne Junge

Verlag: tredition GmbH, Hamburg

ISBN
978-3-7323-2963-2 (Paperback)
978-3-7323-2964-9 (Hardcover)
978-3-7323-2965-6 (e-Book)
Printed in Germany, 1. Auflage

Das Werk, einschließlich seiner Teile, ist urheberrechtlich geschützt. Jede Verwertung ist ohne Zustimmung des Verlages und des Autors unzulässig. Dies gilt insbesondere für die elektronische oder sonstige Vervielfältigung, Übersetzung, Verbreitung und öffentliche Zugänglichmachung.

Überblick

- Vorwort 7
- Einleitung 9
- Musik, eine prägende harmonische Übung 10
- Musik hat mich immer begleitet 11
- Sphärenklänge an unseres Daseins Grenzen. 15
- Mathematische Strukturen in der Musik. 17
- Bachs Kunst der Fuge 26
- Heilige Geometrie 36
- Schulzeit 38
- Der göttliche Code 41
- Die Offenbarung Gottes in der Zahl zur Harmonieweisheit 46
- Platons Einheit und Vielheit 51
- Das Waldhorn 58
- Gedanken zur Musik 60
- Bedeutung der Notation 63
- Volltönenden Gedanken 65
- Schöpfungsprinzip 69
- Betrachtungen über die Musik und Kunst 73
- Zusammenfassung 83

Anhang **84**
    Weihnachtslieder 84
    Volkslieder 85
    Studentenlieder 89
    Kinderlieder 91
Datenbank von Musikbeispielen **93**
Literatur **143**

Vorwort

Wenn alte Schulkameraden zusammentreffen, kommt früher oder später die Frage: „Weißt du noch, wie wir früher „Musik gemacht" haben"? Die Kinderopern, der Chor, der Instrumentenchor - bei einigen Glücklichen kommt auch die Sprache auf die Carmina burana unter Fritz Winkel. Viele zehren ihr ganzes Leben von diesen Mitmacherlebnissen. Volker v. Schintling-Horny wurde in seiner Schulzeit im LSH (Volker Lüdeke von Schintling-Horny = LSH Verlag und auch die Abkürzung für das Landschulheim am Solling) beeindruckt, dass er jetzt ein Buch unter dem Titel „Musik ist Leben" verfasst hat, in dem er sich mit Geschichte, Theorie und Praxis der Musik auseinandersetzt.

Sein Fazit in diesem kenntnisreich mit großer Begeisterung geschriebenen Buch:

„Harmonische Musik hören oder selbst spielen ist ein Lebenselixier, ein Ohrenschmaus. Ob Pflanze, Tier od Mensch, alle brauchen dieses Elixier, um größer, stärker und weiser auf dieser Welt zu werden."

Für uns ist besonders von Bedeutung, was er zu seinen Musikerlebnissen im LSH niedergeschrieben hat:

Er erhielt schon zum zweiten Geburtstag 1940 sein erstes Musikinstrument: eine Ziehharmonika, die er sehr liebte.

Nach dem Kriege wurde in der Volksschule wenig Wert auf Musik gelegt, doch Volker erhielt als Zehnjähriger zu Weihnachten ein weiteres Musikinstrument: ein Horn mit fünf Naturtönen, das er bis heute spielt.

Dann begann mit der Sexta im LSH Holzminden die schulischmusikalische Ausbildung, klassische Musik jeden Tag, dazu oft auch Konzerte.

Die Musik hat ihn sein Leben lang nie verlassen, so schreibt er selbst:

„In den letzten 60 Jahren der Ausbildung, der Lehre, des Berufs und der Familie war die klassische Musik für mich ein Stimulans und eine Seelenspeise. Ein Halt beim Bewältigen der vielen zwischenmenschlichen Probleme und ein Antrieb zur Weiterbildung zum größeren, weiseren oder erleuchteten Menschen. Sie hat geholfen, dem Ziel, „eines Tages im Himmel sein zu dürfen", näher zu kommen."

Nach Lesen dieses Buches kann man den Worten, die in der Schule LSH Holzminden geprägt wurden, nur zustimmen:

„Weiter so und nicht nachlassen!"

Vorwort nach:

Hartmut Gärtner
Redakteur und ehemaliger Leiter der Zeitschrift „Giftschonung"

Einleitung

Am Anfang war das Wort. Wort ist Klang und Klang ist Musik. Also war am Anfang Musik.

Aus dieser Folgerung ist harmonische Musik das Lebenselixier, das uns hilft, groß und stark zu sein, um die vielen Aufgaben des Lebens zu meistern, um weiterzukommen, um sich zu bewähren, um weiser zu werden, um vielleicht eine Erleuchtung zu erhalten. Was nützt es, schwach und mutlos durchs Leben zu gehen, da kann man gleich zuhause hinter dem Ofen bleiben und Däumchen drehen?! Als Nicht-Musiker, als Nicht-Fachmann möchte ich trotzdem hier alles mir Erreichbare zusammentragen, das Musik in unserem Leben ausmacht. Vor Allem, wie uns die Moderne an der Nase herumführt und so tut, als ob sie auch einen Lebenssinn hat. Um es mit einem Wort deutlich sagen zu dürfen: Die Moderne hat nur einen zerstörenden, destruktiven, zermürbenden, ungöttlichen Einfluss auf unser Dasein.

Im Folgenden zeige ich eindeutig, wie uns die harmonikale Musik zum Labsal und Ohrenschmaus werden kann, wenn wir sie richtig auswählen, bewerten und fähig sind zu unterscheiden. Wenn es an Unterscheidungsvermögen fehlt, dann müllen wir uns zu bei dem heutigen Überangebot. Dieses Unterscheiden kann man nur durch lebenslanges, dauerndes Üben lernen. Wenn wir es einmal begriffen haben, dann wird Musik zur ersten Lebensspeise die täglich gepflegt und umsorgt werden muss. So halten wir unseren Geist, unsere Seele in Schuss und machen das Leben lebenswert, auch ohne die Flimmerkiste und die jährliche Reise in den Süden. Musik und Mathematik sind göttliche Brüder, die einander ergänzen und voneinander abhängig sind. Wer Musik verstehen will sollte auch etwas von der Mathematik verstehen

Ratingen den 5. November 2013

Musik, eine prägende harmonische Übung

Die Geschichte der Musik beginnt mit der Geschichte der Menschheit. Es gab und gibt kein Volk der Erde ohne Musik. Wenn auch die Erstformen der Musik unbekannt sind, so sagen uns aufgefundene alte Musikinstrumente und bildliche Darstellungen Musizierender, dass die Urwurzel aller Musik im Sakralen liegt.

Am Anfang war das Wort. Klang ist Schwingung, verdichtete Schwingung ist Materie. Ohne Mathematik keine Musik, ohne Musik keine Mathematik.

Moral und Musik bestimmen das Leben aller Gemeinschaften seit Anbeginn. Die großen Lehrer Chinas waren die Musikmeister, die ihre Schüler lehrten, gerecht, milde und verständig zu werden und stark ohne Härte mit Würde ihres Ranges ohne Anmaßung, damit sie sich später im Leben behaupten können. Die Lehren wurden singend in Gedichtform vorgetragen, begleitet von den Instrumenten.

Das älteste Tonsystem ist die Fünfganztonreihe, abgeschaut den damals bekannten fünf Planeten. Die Fünftonreihe konnte auf jedem der zwölf Halbtöne der Skala aufgebaut werden, wodurch 60 Tonarten entstanden, die jede einer kosmischen Kategorie zugeordnet war. Die abendländische Musik hat ihre Besonderheit der Mehrstimmigkeit, dem griechisch-philosophischen Denken und der aus ihr entstehenden abstrakten, ordnenden Mathematik zu verdanken. Musik war wie alle Objekte durch Zahlen beschreibbar. Bei der Rock- und Popmusik spielen neben der Gegenbewegung zur Hauptkultur die besondere Form der Kommunikation zwischen Musikstars und Publikum sowie die wohl evolutionär verankerte Neigung, **Moden** zu folgen, eine wichtige Rolle.

Musik hat mich immer begleitet.

Schon zum zweiten Geburtstag am 11. Januar 1940 erhielt ich, Volker, das erste Musikinstrument eine „Ziehharmonika." Überall zerrte ich diese für mich schon recht mächtige Quetsche mit mir herum. Keiner durfte sie anrühren, wie eine Stradivari wurde sie von mir umsorgt. Ob ich ihr nun auch Töne oder Tonfolgen entlockte weiß ich nicht mehr genau.

Als sechstes Kind von sieben wurde ich früh von meiner Mutter mit allen Volks-, Kirchen- und Weihnachtsliedern beschenkt. So kann ich die meisten heute noch auswendig mit den zurzeit sechs Enkeln singen. In der Volksschule wurde nach dem Kriege in der ersten bis vierten Klasse, da wir alle zusammen in einem Raum saßen, mit einem Lehrer auf dem Dorf in Liebenburg Kreis Goslar nicht viel Wert auf Singen gelegt. Wir machten oft Wanderungen in das hügelige Harzvorland und konnten uns an den unterschiedlichen Vogelstimmen erfreuen. Wöchentlich besuchte uns der Spielmann „Augustin" aus Salzgitter und brachte immer die neuesten Geschichten und Schlager mit, die er uns für ein gutes Mittagessen mit seiner

Einmann-Kapelle präsentierte. Meine größere Schwester Heidi nahm mich öfters zur Landjugend in die Wirtschaft „Buchladen" bei Schladen mit, wo auf dem dortigen Saale nach der flotten Musik eines Schifferklaviers Volkstänze von der jüngeren Generation eingeübt wurden.

Ab und zu ging unser Vater mit uns Kindern nach Goslar ins Konzert wenn gerade ein Gastspiel eines hannöverschen Orchesters gegeben wurde. Beethoven, Bach, Schubert. Vater war vom anstrengenden Arbeitstag auf dem Hof oft so geschafft, dass er vor der Pause einschlief und wir ihn wecken mussten.

Mit 10 Jahren erhielt ich zu Weihnachten das erste Fürst-Pless Horn mit fünf Naturtönen das mich bis heute mein Leben lang begleitet hat.

So sah damals die musikalische Bildung eines in der Natur aufgewachsenen Lausbuben aus. Mit der Sexta im LSH Holzminden änderte sich dieses musikalische herumlungern schlagartig.

Harmonie, künstlerische Veranlagung, Verständnis der Natur sind seit Äonen von Jahren in unseren Uranlagen gespeichert und brauchen nur geweckt zu werden um heute wieder in uns neu aufleben zu können. Carl Gustav Jung nennt es „ Das kollektive Unbewusste". Es ist ein **Erinnern** an uralte Erfahrungen, erlebte Tonfolgen, Harmonien, Erlebnisse, Begebenheiten die alle in unseren Erbsubstanzen gespeichert sind. Ein gutes Beispiel ist das hervorragende Musikverständnis östlicher Kulturen wie der Japaner oder Chinesen für unsere westlichen Musiken obwohl sie doch mit ganz anderen Klängen aufgewachsen sind.

Warum finden wir eine Tonfolge harmonisch? Weil wir mit einem geübten Ohr die natürlichen Terz, Quint oder Sext Ordnungen und so fort in unserm Innersten spüren.

Musik, eine der wichtigsten Stimulanz zur Harmonisierung des Körpers, der Seele und der Stimmung muss man wie alles mit jungen Jahren lernen und üben.

Schon im griechisch-römischen Altertum war man der Überzeugung, dass Töne, Zahlen, Intervalle mit den Himmelsbewegungen zu tun hätten. Die Pythagoreer kannten vier mathematische Wissenschaften: Arithmetik, Geometrie, Harmonik und Astronomie.

Diese vier kehren im Curriculum der mittelalterlichen Hochschulen als Quadrivium zurück: zunächst noch als okkulte Wissenschaften verstanden, später "entmythologisiert": Arithmetik, Geometrie, **Musik**, Astronomie.

Jeder der Planeten erzeuge bei seiner Bewegung einen einzelnen Ton, so gibt Aristoteles die Lehre des Pythagoras wieder. Er sagt sie bilden eine Harmonie. Ernst Behrend hat diese Sphärenklänge der Planeten für unser Ohr hörbar gemacht. Wer sie hört ist von der Klangfülle überwältigt.

Wo sich aber Sonne und Mond und eine solche Menge so gewaltiger Gestirne mit so rasender Geschwindigkeit bewegten, da müsste unbedingt ein Geräusch von einer über alle Begriffe gehenden Stärke verursacht werden. Das nehmen die Pythagoreer an und ebenso, dass die Geschwindigkeiten infolge der Abstände den Zahlen Verhältnissen der symphonen Zusammenklänge entsprechen. Daher behaupten sie, dass durch den Kreislauf der Gestirne ein harmonischer Klang entsteht."

Dass wir diesen Klang normalerweise nicht hören, erklärt Phytagoras damit, dass wir diesen Ton schon spätestens seit der Geburt kennen und ununterbrochen hören. Da keine Unterbrechungen durch Augenblicke der Stille einträten, würden wir das tönende Geräusch nicht gewahr. Es ist deutlich, dass diese Charakteristik, dieses Verständnis der Sphärenharmonien schon eine späte Phase der Pythagoreerschule wiedergibt.

Die Entstehung der Töne wird aus ihrer Bewegung erklärt, während eine ältere Stufe der pythagoreischen Schule die Harmonie der Himmelsmusik nicht als ein natürliches Ereignis ansah, sondern für ein mystisches, göttliches Ereignis hielt. Die äußere Bewegung ist für sie eine Folge der inneren Bewegtheit.

Pythagoras sieht die Musik - das heißt hier aber: eine sehr ausgewählte Musik - als ein Erziehungsmittel der Seele an. Damit ist wie der Beschreibung zu entnehmen ist, nicht etwa nur ein Erziehungsmittel der Kinder gemeint, sondern auch der Erwachsenen, insbesondere der seelisch geistig strebenden Menschen, die im Pythagoreer-Bund sich zusammengefunden hatten. Diese Musik dient als Mittel, um die Seelen zu läutern, damit sie auf einen Wege wie dem in "Wie erlangt man Erkenntnisse der höheren Welten? (Rudolf Steiner) beschrieben ist, sich vollenden können.

Sphärenklänge an unseres Daseins Grenzen.

In ihren Buch „Der Mensch im Strahlungsfeld von Kosmos, Erde und Umwelt" scheiben Hans Mayer und Günter Winkelbauer sehr ausführlich über die interessanten Entdeckungen des großen Gelehrten Pythagoras.

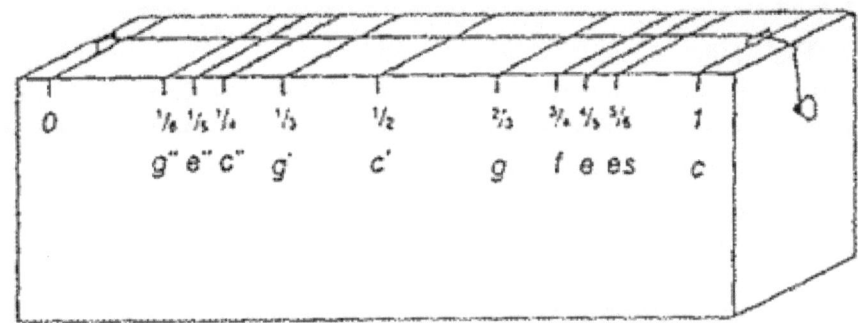

Abbildung 1: Das Monochord, Versuchsinstrument der Pythagoreer R. Haase

„Welche wunderbare schwingende Welt, in der wir leben! Auf unserem Weg durch das Wissen unserer Zeit begegneten wir den kosmischen Energien, die uns umgeben, die uns beeinflussen, die uns krank oder aber auch lebensfroh machen. Hätten wir Ohren, diese Schwingungen zu hören: es müsste das Leben in einem unfassbaren, unendlichem Akkord klingen.

Weise Männer haben vor Tausenden Jahren Zusammenhänge begriffen und postuliert, die erst in der Neuzeit durch die Wissenschaft nachgewiesen werden konnten.

Um den Bogen von jenen Philosophen bis heute zu spannen, müssen wir mindestens bis in die griechische Philosophie zurückgehen. In jene Zeit, in der ein Musikinstrument Mittelpunkt einer Philosophenschule wurde.

Zu den ältesten Instrumenten der Musik gehörten im Altertum die Leier und die Harfe. Um deren Gesetze zu verstehen, benutzte man das Monochord. In der Antike hatte dieses Instrument nur eine Saite und ist dann erweitert worden.

Heute hat es insgesamt dreizehn Saiten, die Zahl ist jedoch nicht zwingend vorgeschrieben. Der Name stimmt dennoch, denn alle Saiten sind auf den gleichen Ton gestimmt. Sowohl mit Fingerzupfen als auch mit einem Geigenbogen kann man die Saiten zum Schwingen bringen.

Ein Steg unter die Saiten geschoben, bewirkt dass immer kürzere Teile der Saiten zum Tönen gebracht werden. Der Ton wird dadurch immer höher. Daraus ergibt sich folgendes Gesetz: Der Ton einer Saite ist umso höher, je kürzer, je dünner sie ist, je stärker sie angespannt und je geringer ihr Gewicht ist".

Abbildung 2: David spielt Harfe vor Saul, Rembrandt

Mathematische Strukturen in der Musik.

Die Tetraktys, (Vierheit, Schlüssel zum Verständnis der Weltharmonie, 1+2+3+4=10, Dezimalsystem) die den griechischen Tonsystemen zugrunde liegt und die als Quelle und Wurzel ewiger Natur angesehen wird, ist durch die Zahlen 6, 8, 9 und 12 wiedergegeben. Am Monochord, dem Instrument mit einer Saite, wurden diese Zahlen zum Erklingen gebracht, indem die Saite in zwölf gleichlange Abschnitte eingeteilt und Saitenlängen jeweils bestehend aus 6, 8, 9 und 12 dieser Abschnitte abgegriffen wurden. Ist die Saite auf E gestimmt, so ergeben sich dabei die Töne e, H, A und E. Den Intervallen Oktave, Quinte und Quarte wurden deshalb die Zahlenverhältnisse 2 : 1, 3 : 2 und 4 : 3 zugeordnet. Die Oktavaufteilung der Tetraktys war Ausdruck der Lehre vom arithmetischen und harmonischen Mittel: Die Zahl 9 ist das „arithmetische Mittel" zwischen 12 und 6, d. h. die Differenzen 12−9 und 9−6 sind gleich. Die Zahl 8 ist das "harmonische Mittel" zwischen 12 und 6, d. h. die Differenzen 12−8 und 8−6 verhalten sich wie 12 zu 6. Alle vier Zahlen bilden die Proportion 12 : 9 = 8 : 6, die in ihrer Verbindung von arithmetischem und harmonischem Mittel die "vollkommenste Proportion" genannt wurde. Folgende Verhältnisse bezüglich des Grundtones c sind am Monochord aufgezeigt:

c	f	g	c'	Tonbezeichnung
1	$\frac{4}{3}$	$\frac{3}{2}$	2	Verhältniszahl
Prime	Quarte	Quinte	Oktave	Intervall.

„Die Pythagoreer experimentierten mit dem Monochord und variierten die Länge der unter konstanter Spannung stehenden Saite durch Einschieben eines Steges. Beim Halbieren ergab sich ein zum

Grundton harmonischer Oberton. Diesem harmonischen Zusammenklang zweier Töne entsprach das Zahlenverhältnis 1 : 2, und in der Musiktheorie bezeichnet man dieses Intervall als Oktave. Es lag nahe, den schwingenden Anteil auf zwei Drittel der ursprünglichen Länge zu verkürzen. Der so erzeugte Ton ergab mit dem Ausgangston einen angenehmen Zusammenklang, der in der Musiktheorie als Quinte bezeichnet wird. Schließlich gaben sie bei ihren Experimenten drei Viertel der ursprünglichen Länge zur Schwingung frei. Der so entstandene Zweiklang hörte sich ebenfalls erträglich an; in der Musiktheorie wird dieses Intervall als Quarte bezeichnet. Ganz allgemein entspricht dem Nacheinander ausführen zweier Tonschritte das Multiplizieren der entsprechenden Verhältniszahlen.

Damit verbunden ist das lateinische „musica mundalla", das Pythagoras zugeschrieben wird.

Er prägt den »pythagoreischen Lehrsatz«. Aber die Formel mit dem Inhalt des Hypothenusenquadrates ist gar nicht seine für die Welt wichtigste Erkenntnis. Sehen wir uns die griechische Geschichte noch ein wenig an. Sprechen wir von Thales von Milet, dem genialen Mathematiker. Er lebte etwa 600 vor Christus und war ein weitgereister Mann, der seine Handelsfahrten zu Studienzwecken benutzte.

 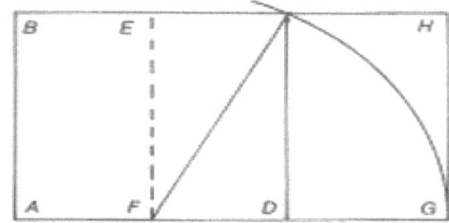

Abbildung 3: Links: Das Pantheon in Athen passt fast genau in ein goldenes Rechteck (nach A. Brotmann) Rechts: Das goldene Rechteck, gewinnt man indem man ein Quadrat halbiert und den Boden dieses Rechtecks auf die Basis klappt.

Pythagoras, auf Samos geboren, hat möglicherweise mit Thales gemeinsam studiert. Zumindest deuten gewisse gemeinsame Gedankengänge darauf hin.

Wie immer, Thales ließ sich nach seinen Lehr- und Wanderjahren in Kroton, einer griechischen Kolonie in Süditalien, nieder. Hier fanden sich im Jahre 540 vor Christus einige weise Männer zusammen, zu denen Thales ebenso wie Pythagoras gehörten. Sie experimentierten mit dem Monochord. Aber auf eine Weise, die mit dem Spielen von Melodien nichts zu tun hatte. Diese Gemeinschaft ist am besten damit beschrieben, dass es sich um einen Orden von halb philosophischer, halb mathematischer Bedeutung handelte. Die Bezeichnung »Orden« ist deshalb gewählt, weil die Männer dieser Gemeinschaft sich geschworen hatten, ihre Erkenntnisse bei sonstiger Todesstrafe geheim zu halten. Aber nichts bleibt so geheim, als dass es - wie in diesem Fall- nicht wenigstens ein Jahrhundert später bekannt wird: **Pythagoras hatte die ganzzahligen Relationen der Töne erkannt!** Und er ging davon aus, dass alle Harmonie, Schönheit und die Natur in ganzzahligen Relationen ausgedrückt werden können.

Eine der Grundthesen dieses »Ordens« war, dass die Planeten und ihre Bahnen ganzzahlige himmlische Harmonien erzeugen. Eben: »Sphärenmusik«. Zweitausend Jahre später hat das Johannes Kepler astronomisch-mathematisch nachgewiesen.

Nikomachus von Gerasa und Theon von Smyrna sind die Hauptvertreter der Gedanken, die man als »neuphythagoreisch« bezeichnet. Von ihnen und anderen gelangten manche Überlegungen ins Mittelalter. Aber erst in der Renaissance gab es eine Wiederbelebung der Idee von der Weltharmonie.

Der Einfluss des »Harmoniken Denkens« in der Baukunst ist zu beweisen. Es galt in der Gotik als eines der »Bauhüttengeheimnisse« der Dombauherren. Der Nachweis ist dem »Bauhüttenbuch des Villard de Honnecourt« aus dem 13. Jahrhundert zu entnehmen.

Johannes Kepler 1571-1630 wollte die Weltharmonie, wie unten so auch oben, nachweisen.

So hat er mathematisch zeigen können, dass sich die Umlaufbahnen der Planeten nahtlos in die Harmoniken Gesetze einfügen! Er hat auch die Keohlerschen Gesetze entdeckt, die heute noch gelten.

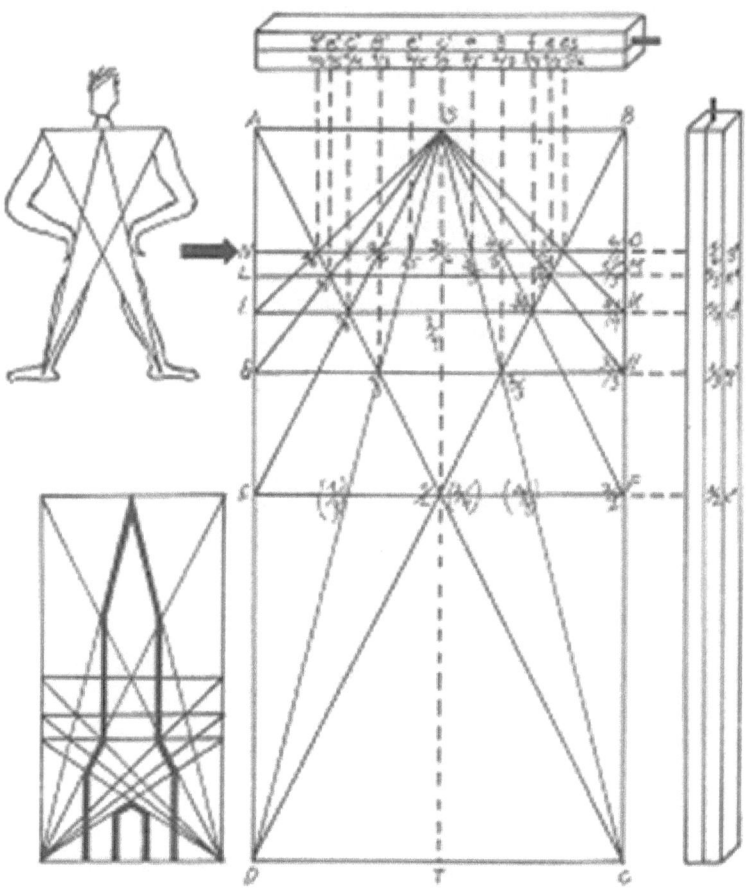

Abbildung 4: *Harmonikaler Teilungskanon aus dem Bauhüttenbuch des Villard de Honnccourt,13. Jahrhundert nach R.Gneizer*

Aber mehr noch. Der Schweizer Gelehrte Dr. Hans Kayser (1891-1964) hat die Forschungen Keplers alle bestätigt.

In weiterer Verfolgung dieser Recherchen führt uns die harmonikale Grundlagenforschung an die Hochschule für Musik und darstellende Kunst in Wien.

Je schneller der Umlauf des Planeten, desto heller der Klang (Harmonices mundi libri V, 1619).

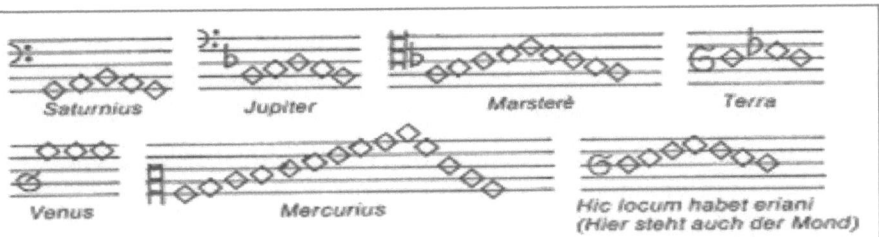

Abbildung 5: Die von Johannes Kepler erdachten Sphärenharmonien schrieben den bekannten Planeten jeweils eine Melodie zu. Je schneller der Umlauf der Planeten je heller der Klang.

Professor Dr. Rudolf Haase, ist ein Schüler des Schweizers Kayser und lehrt an seinem Institut die Keplersche Welt-Harmonie.

In der Heilkunst finden wir die »Musiktherapie«. Ebenso weiß man, dass Musik auf das Verhalten der Tiere wirkt. Kühe etwa geben bei einer harmonischen Musik mehr Milch. Blumen wenden sich ab vom Rock und hin zu Mozart.

Im Bereich der Töne wirken alle Frequenzen von 18 bis 10.000 Hertz fördernd, dagegen die von 10.000 Hertz bis zu den Ultraschallwellen hemmen das Wachstum. Dadurch wird erklärlich, dass Ultraschallwellen Samen im Wachstum hemmen, Herzfunktionen stören. Besonders die Nerven der Sinnesorgane im Gehirn, im Rückenmark und jene des Sympathikus werden durch Schallwellen beeinflusst. Folgen wir diesen Feststellungen, dann sind es immer wieder Misstöne wie Motorrad- und Autolärm, Türenschlagen, Martinshörner, Rock und so weiter, die nicht nur stören, sondern ausgesprochen gesundheitsschädlich sind. Das ist an sich nichts Neues. Doch in diesem Zusammenhang ein Nachweis von harmonischer Verirrung. Denn der Mensch ist, wie jedes Lebewesen, ein Instrument, das Schwingungen nicht nur abgibt, sondern auch empfängt - ja von ihnen abhängig ist.

Nicht nur der Mensch schwingt. Erinnern wir uns an die »Schumann-Resonanzen«, dass nämlich der Hohlraum-Resonator Erde-Ionosphäre bei der Anregung von Blitzentladungen im Frequenzbereich von 10 Hertz schwingt.

Kehren wir jetzt zurück zu den Pythagoreern und ihren Experimenten des Monochords. Die von ihnen gefundene Gesetzmäßigkeiten der Tonintervalle sehen so aus: Wenn bei einer Saite der Steg genau in der Mitte eingeschoben ist, entsteht ein Intervall, das wir unter der Bezeichnung Oktave kennen.

Alle Töne, proportionale und Intervalle, sind untrennbar miteinander verbunden. Eine klingende Saite schwingt nicht nur in ihrer gesamten Länge. Sie schwingt auch in den unterschiedlichsten, selbständig schwingenden Teilen. Neben dem Grundton sendet dieses schwingende System noch eine Reihe von anderen Tönen aus, die Obertöne. Und jetzt wird es nicht nur interessant, sondern geradezu mystisch: Diese Obertonreihe ist ident mit jener Tonreihe, die man erhalten würde, wenn man eine schwingende Saite fortlaufend durch die einfachen ganzen Zahlen teilt.

Die Periode der Teilschwingungen 1/2, 1/3, ... n bildet in der Mathematik eine Zahlenreihe, die man »harmonische Folge« nennt.

Die Obertonreihe, die bei jedem Klang mitschwingt, ist ein physikalisches bzw. akustisches Grundgesetz. Die Partialtöne bilden diese ganzzahligen Vielfachen der Frequenz des Grundtones:

Grundton 1/2, 1/3, 1/4, 1/5, 1/6, 1/7, *1/8,* 1/9, *1/10* ••••
C c   g   c'   e'   g'   b'   c"   d"   e'
1 : 2 : 3 : 4 : 5 : 6 : 7 : 8 : 9 : 10

Cc=1:2=Oktave,   cg=2:3=Quinte,   gc'=3:4=Quarte
c'e'= 4:5= Große Terz,   e'g'=5:6= Kleine Terz

Die Überlegungen der Pythagoreer gipfelten in der Vorstellung, dass in der Natur, in der Musik und im Menschen identische Gesetze existieren. Folgen wir weiter einer phantastischen Entdeckung: Johannes Kepler berechnete die Winkelgeschwindigkeiten der Planeten am sonnennächsten (Perihel) und sonnenfernsten (Aphel) Punkt ihrer Bahnen. Dabei kam ein System ganzzahliger Verhältnisse zutage, das den musikalischen Intervallen entspricht. Hier können wir es uns ansehen:

Saturn	Aphel A Perihel B	A : B = 4 : 5 A : D = 1 : 3 C : D = 5 : 6	(Große Terz) (Duodezime) (Kleine Terz)
Jupiter	Aphel C Perihel D	B : C = 1 : 2 C : F = 1 : 8 E : F = 2 : 3	(Oktave) (3 Oktaven) (Quinte)
Mars	Aphel E Perihel F	D : E = 5 : 24 E : H = 5 : 12	(Kleine Terz) (+ 2 Oktaven) (Kleine Terz) (+ 1 Oktave)
Erde	Aphel G Perihel H	G : H = 15 : 16 F : G = 2 : 3 G : K = 3 : 5	(Diaton. Halbton) (Quinte) (Große Sexte)
Venus	Aphel I Perihel K	I : K = 24 : 25 H : I = 5 : 8 I : M = 1 : 4	(Chrom. Halbton) (Kleine Sexte) (2 Oktaven)
Merkur	Aphel L Perihel M	L : M = 5 : 12 K : L = 3 : 5	(Kleine Terz + 1 Oktave) (Große Sexte)

Abbildung 6: Intervalle der einzelnen Planeten nach R. Haase

Aus dieser Berechnung geht hervor, was Kepler gar nicht wissen konnte. Es ist heute wissenschaftliche Tatsache, dass die Harmoniken Anteile der Planetengesetze zeitlose Gültigkeit haben.

Die Planeten Uranus, Neptun und Pluto, die Kepler noch nicht kannte, fügen sich nahtlos in dieses Gesetz. Mehr noch: 1766 hat Titius eine weitere Gesetzmäßigkeit entdeckt. Schreibt man eine geometrische Reihe, so kann man leicht die Abstände der Planeten daraus ableiten. Hier das Beispiel:

× 3 = + 4 =	0 0 4	1 3 7	2 6 10	4 12 16	8 24 28	16 48 52	32 96 100	64 192 196	128 384 388
Die tatsächlichen Abstände sind	3,9	7,2	10	15,2	26,5	52	95,4	192	307,0

Abbildung 7: Tabelle der Abstände der Planeten nach J.D. Titius

Weitere Übereinstimmungen: Das periodische System der Elemente in der Physikochemie ist bei der Reihung nach den Ordnungszahlen (Elektronenzahlen) ident mit dem Aufbaugesetz der Obertonreihe. Diese Gesetzmäßigkeit finden wir auch in kleinsten Bereichen. Sie ist ebenso gültig auf die Strukturierung des Atoms anzuwenden. Schließlich noch ein Übriges: Auch

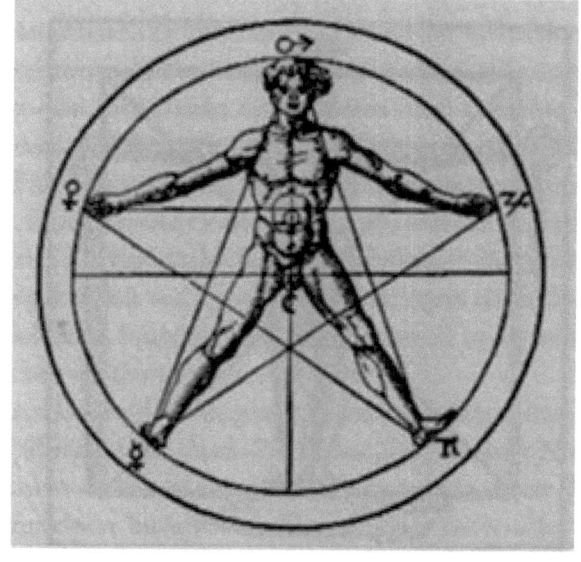

Abbildung 8: Agrippina von Nettesheim, Proportionen des Menschen

der Mensch ist mit seinem körperlichen Aufbau nach Harmoniken Gesetzen erschaffen. Als erster hat der Arzt Agrippina von Nettersheim im Mittelalter die Proportionen das menschlichen Körpers nach dem musikalischen Verhältnis Terz-Sext in ein Netz von Kreisen und Dreiecken gezeichnet".

Bachs Kunst der Fuge

Namen, Gedichte oder Psalmen sind oft von Bach oder Beethoven und anderen in die Stücke eingebaut worden.

Die letzte Seite des Originalmanuskripts von Bachs Kunst der Fuge, oben, trägt in der Handschrift von Bachs Sohn Carl Philipp Emanuel den Vermerk: "NB. Im Verlauf dieser Fuge, an dem Punkt, an dem der Name B.A.C.H. als Gegenthema eingeführt wurde, starb der Vater. " (B-A-C-H oben eingerahmt.) Diese letzte Seite von Bachs letzter Fuge soll mir als Denkmal (Epitaph) dienen. (Notensatz durch das von Donald Byrd entwickelte Programm "SMUT").

Die Bedeutung der Zahlen beschreibt Ernst Bindel in seinem Exkurs des Zahlengeheimnisses sehr anschaulich.

Das Verhältnis des Menschen zur Zahl hat sich im Verlauf der Geschichte gewandelt. Im Altertum wurden die Zahlen als geistige Qualitäten, im alten Ägypten sogar als göttliche Wesenheiten empfunden, die der Erde und dem Kosmos als ordnende und strukturierende Kräfte zugrundeliegen. Seit der Neuzeit wird die alte Zahlenmystik zum Aberglauben erklärt. Erst seit den bahnbrechenden Arbeiten des Mathematikers Ernst Bindel ist es möglich, das Zahlengeheimnis zu durchschauen und einen neuen, dem Intellekt akzeptierbaren Weg zu den Aussagen der Zahlen zu finden. Jede Zahl ist eine geschlossene Wesenheit, die in sich durch ihren Nennwert differenziert ist, ihre Qualität durch ihre verschiedenen Rechnungsarten kundtut (z. B. Addition, Subtraktion etc.) oder sie im »Gewand« der Fläche und des Raumes sichtbar und im » Gewand « der Musik hörbar macht. Der jeweilige Zählwert der Zahl ist nur ihre Außenseite, ihr Inneres offenbart sie durch die Addition der Weisheit, d. h. durch die Summe ihres von Schritt zu Schritt ansteigenden Wertes (z. B. 3 - 1 + 2 + 3 = 6), durch die Summe ihrer Teiler (z. B. 8 - 1+2 + 4 = 7) und bei mehrstelligen Zahlen durch ihre Quersumme (z. B. 11 - 1+ 1 = 2).

Der grundsätzliche Unterschied zur alten Betrachtungsweise der Zahlen liegt in der Zahl **EINS**, die heute die kleinste Einheit ist, woraus sich alle anderen Zahlen als die Summe entsprechend vieler Einser ergeben. Bis zum Beginn der Neuzeit war die Eins die All-Einheit, die heilige Monade, die Ewigkeit, ein Mutterschoß, aus dem alle anderen Zahlen» geboren« werden, ohne daß die Ureinheit durch Teilung etc. geschwächt wird. Daher wurden alle anderen Zahlen immer im Verhältnis zur Eins gesehen. Die Eins schafft weder Körper noch Raum, sie ist auf eine »unirdische Art« Körper und Raum. Das zeigt sie am deutlichsten mit ihren Symbolbildern, der Kugel und dem Kreis, die beide nicht in derselben Art begrenzt sind wie z. B. der Kubus, der durch sechs Quadrate begrenzt ist. Die Kugel kann sich vom Punkt aus, der selber eine winzige Kugel ist, durch eine zentrifugal wirkende Kraft bis zum unendlich Großen ausdehnen (im Unendlichen verschwinden), um dann durch eine zentripetal wirkende Kraft von der Peripherie her wieder bis zum Punkt zusammenzuschrumpfen. Sie geht dann durch den Nullpunkt, das unendlich Kleine, um den Prozeß von neuern zu beginnen. Ein ewiges» Stirb und Werde«, ein Atemprozeß, der dem Wesen der Zahl Eins entspricht, ohne schon eine» irdische Aktion« zu sehen. Diese entsteht erst durch die Heraussonderung der Zwei.

Die Pythagoräer nannten die **ZWEI** den »Streit«, die »Verwegenheit«, denn durch sie entsteht »Aktion«, die sich in Polarität, Opposition, Dissonanz, Hintereinander-Nacheinander etc. zeigt, aber auch in Zweisamkeit, Konsonanz, Nebeneinander etc. (Mann-Weib, Gut-Böse, These-Antithese, Partnerschaft, Ehe usw.). Da die Polarität von Leben und Tod zur Qualität der Zwei gehört, nannte man die Zwei auch die Zahl der Offenbarung der Welt. Durch die Zwei werden alle Zahlen in gerade und ungerade Zahlen unterschieden. Die ungeraden nannte man männliche, die geraden weibliche Zahlen.

Mit der **DREI** entsteht eine neue, aber nun in sich gegliederte Einheit, die sich am deutlichsten im Dreieck zeigt, der ersten irdisch begrenzten Fläche. Das Dreieck ist nicht nur das Symbolzeichen der Drei, sondern primär das Symbol der sich als Dreieinigkeit offenbarenden Gottheit selbst, die man hinter allen Offenbarungen der Drei suchen muß, z. B. in der dreifach gegliederten »ewig fließenden Zeit« (Zukunft - Gegenwart - Vergangenheit - Zukunft ...). Zudem entsteht durch die Dreidimensionalität der unendliche kosmische Raum.

Der erste irdisch begrenzte Raum-Körper, das aus vier Dreiecken gebildete Tetraeder, wird erst durch die **VIER** geboren. Die Pythagoräer nannten die Vier »die Welt«, denn sie ist die Zahl der heutigen Erde und ihres paradiesischen Uranfangs, was sie dadurch zeigt, daß die Erde aus vier Elementen besteht (das Feurige, das Gasig-Luftige, das Flüssige, das Erdig-Feste) und von vier Himmelsrichtungen umschlossen ist, von vier Reichen bewohnt (Mineral-,

Pflanzen-, Tier- und Menschenreich) und von vier Jahreszeiten belebt wird.

Die **FÜNF** wird die Zahl des Individualismus und der Krise genannt. Beides zeigt sich am deutlichsten an ihrem. Verhalten in der Fläche. Da man im Altertum die verheerenden Folgen des vom Egoismus ausgehenden Individualismus vorausahnte, wurde im exoterischen Bereich vor der Fünf gewarnt, sie galt als Zahl des Bösen. Im esoterischen Bereich Ägyptens und Israels wurde sie gepflegt (Exkurs in das Zahlengeheimnis). Die Fünf ist aber auch die Zahl des Menschen und vor allem die Zahl des »zukünftigen Menschen«. Durch die Fünf entsteht die erste echte Sternform, das Pentagramm, in das sich die Menschengestalt einschreiben läßt. Der Zukunftsmensch wird nicht mehr viergegliedert sein wie der heutige Mensch (physischer Leib - Lebens- oder Ätherleib - Seele oder Astralleib - Ich), sondern als fünfgegliederter Mensch das »Manas oder Geistselbst« dazugewonnen haben.

Die **SECHS** wird die Zahl der Vollkommenheit genannt. Das zeigt sie sowohl im „geometrischen Gewand« (ihre Flächenform, das Hexagon, läßt sich aus dem Radius eines jeden Kreises bilden, der jeweils sechsmal in die Kreisperipherie paßt) wie durch die Summe ihrer Teiler, die wieder Sechs ergibt ($1 + 2 + 3 = 6$). Bei den meisten anderen Zahlen ist die Summe der Teiler kleiner als die Ausgangszahl. Bei der Sternform der Sechs, dem Hexagramm, senkt sich ein von oben kommendes Dreieck vollkommen harmonisch in ein ihm von unten entgegenstrebendes Dreieck hinein. Auch das Verhältnis der Sechs zur Fläche ist »vollkommen« zu nennen, denn sie lässt sich mit Sechsecken lückenlos bis ins Unendliche erfassen.

Die **SIEBEN** ist die zweite »vollkommene Zahl«, aber ihre Vollkommenheit ist anderer Natur und nur schwer zu erfassen. Die Sieben ist als Primzahl unteilbar, ihre Flächengestalt, das Siebeneck, ist »unkonstruierbar«, nur durch Annäherung zu finden, auch entzieht sie sich der Fläche und der Körperwelt; dafür bildet sie aber zwei Sterne, von denen der zweite besonders interessant und strahlend schön ist (siehe Exkurs in das Zahlengeheimnis). Die Sieben ist die Zahl der Zeit im Raum, was an ihren beiden Komponenten, der Drei, der Zahl der ewig fließenden Zeit, und der Vier, der Zahl der Erde und des endlichen irdischen Raumes, abzulesen ist, denn wenn die unendliche Zeit in den endlichen irdischen Raum eintritt, entsteht die Zeit als rhythmisches, d. h. individualisiertes Wesen. Als solches liegt die Sieben u. a. dem Mondenrhythmus, der Metamorphose der Pflanzen und der Entwicklung der menschlichen Biographie zugrunde.

Vom Altertum bis zur Neuzeit wurde die **ACHT** immer für eine lebensspendende, erquickend-heilkräftig wirkende, aufbauende Wesenheit gehalten. Das zeigt sich u. a. in der Addition der Weisheit, die bei ihr die Zahl 36, die große Tetraktys des Pythagoras, ergibt (1 + 2 + 3 + ... 8 = 36). Sie ist außerdem die Summe der vier ersten männlich ungeraden und der vier ersten weiblich geraden Zahlen (1 + 3 + 5 + 7 + 2 + 4 + 6 + 8 = 36). Ihre Quersumme ergibt Neun (3 + 6 = 9). Aus einer Gottheit hervorgegangen und durch acht schöpferische, göttliche Wesen gestaltet (vier männlich/väterliche und vier weiblich/ mütterliche), empfanden die alten Ägypter den gesamten Kosmos entstanden (4 + 4 = 8 + 1 = 9). Aber auch an dem Zahlzeichen der ACHT, das eine Lemniskate ist, zeigt sich ihre Qualität. Die Lemniskate ist der graphische Niederschlag des »unendlichen Atemprozesses« der Kugel, des Symbols der allumfassenden Eins (siehe Exkurs in das Zahlengeheimnis). In christlicher Zeit wurde die Acht zur Zahl des Christus, insbesondere in seinem Wirken als Heiland, aber auch der Maria. Viele Taufkapellen, Taufsteine und Brunnenstuben haben eine oktogonale Form.

Die **NEUN** ist ähnlich schwer durchschaubar wie die Sieben. Sie ist die Zahl der Erdentalwanderung, die eine Krise und ihre mögliche Überwindung beinhaltet (siehe Exkurs in das Zahlengeheimnis). Ersichtlich wird diese Qualität an folgendem: Die Neun ist 3 x 3 oder 3 hoch 2. Das zeigt sie an der zweiten ihrer drei Sternformen die aus drei ineinander verflochtenen Dreiecken besteht. Die Summe ihrer

Teiler ergibt Vier, die Zahl der Erde (1+3=4). Die Addition der Weisheit ergibt 45 und zeigt damit die beiden wichtigsten Komponenten der Neun, die Vier und die Fünf. Ihre Quersumme ist wieder die Neun (4 + 5 = 9)• In drei Schritten (Abstieg, Durchgang durch die Krise, Wiederaufstieg), ausgehend von der Ureinheit (Eins) über die Qualität der Vier als paradiesischer Erdenanfang (Symbol ist das Quadrat) und über die Fünf, die Qualität des Individualismus, gelangt man zur Neun, der Qualität der großen Krise, die zum Absturz in das Nichts der totalen Gottferne führt, wenn nicht ein Aufstieg zur Qualität der Vier, jetzt der »neuen Welt«, des Neuen Jerusalems der Apokalypse, gefunden wird (Symbol ist der Kubus). Dieser Weg führt wieder über die Fünf, jetzt aber als Qualität des zukünftigen Menschen, zur allumfassenden Eins. Zehn und Zwölf sind Zahlen, die eine »Fülle«. ein »Pleroma« ausdrücken.

Die **ZEHN** ist die Zahl der irdischen Fülle. Bei Pythagoras ist sie die» kleine Tetraktys «, denn sie ist die Summe der ersten vier Zahlen (1 + 2 + 3 + 4 = 10). Ihre Quersumme ist die allumfassende Eins. Durch ihr Dezimalsystem lassen sich alle irdischen Belange, auch die materiellen des Kosmos, mathematisch optimal erfassen. Am deutlichsten zeigt die Zehn ihre Qualität in ihrer Flächenform. Zehn Winkel zu je 36° um den Mittelpunkt eines Kreises gezeichnet, ergeben an dessen Peripherie zehn Punkte, die miteinander verbunden das Zehneck ergeben. Von einem Gestaltungszentrum aus, einem mikroskopisch kleinen Zehneck in der Mitte, kann sich die Zehn in immer größer werdenden, kreisähnlichen Zehnecken die Fläche bis in die Unendlichkeit erobern. Die dadurch entstehende Form, die zunächst einem. Spinnengewebe zu gleichen scheint, birgt eine Fülle weiterer Formen: Pentagone, Pentagramme, Trapeze (also Vierecke) und Dreiecke (siehe Exkurs in das Zahlengeheimnis).

Die **ELF**, die Zahl der Übertretung der kleinen Tetraktys, der heiligen Zehn, hat einen ausschließlich negativen Charakter (Zahl des Todes).

Die **ZWÖLF** ist die Zahl der kosmischen Fülle. Die Qualität der Fülle zeigt sie u. a. daran, daß sie die erste der seltenen Zahlen ist, deren Summe der Teiler größer ist als sie selbst (I + 2 + 3 + 4 + 6 = 16). Die Sechzehn ihrerseits ist 2 x 8, ihre Quersumme ist die Sieben (I + 6 = 7). Die Addition der Weisheit ergibt bei der Zwölf 78, mit der Quersumme 15 (3 x 5). Deren Quersumme ist die Sechs (I + 5 = 6), die Zahl der Vollkommenheit, die sich hier zum zweiten Mal zeigt. Es stecken also scheinbar, mit Ausnahme der Neun, alle einstelligen Zahlen, teils direkt, teils virulent, in der Zwölf. Aber auch die Neun ist ganz versteckt in ihr anwesend, desgleichen die kleine und die große Tetraktys (siehe Exkurs in das Zahlengeheimnis). Auch ihre Flächenform, das Zwölfeck, das schon fast wieder ein Kreis ist, zeigt diese Qualität. Ihre kosmische Qualität wird im Duodezimalsystem erkennbar, mit dem sich kosmische Belange mathematisch besser erfassen lassen als durch das Dezimalsystem, ferner in der vierten ihrer vier Sternformen. die einer „ Sonne « gleicht, sowie in ihrem Raumkörper. dem Pentagondodekaeder, der einer Kugel gleicht, der aus zwölf Richtungen des Kosmos zwölf Pentagone eingeprägt werden.

Die **DREIZEHN** ist als Primzahl wieder schwer zu durchschauen. Die Dreizehn wird auch die Regentin der Zwölf genannt. Das zeigt sich z. B. daran, daß zwölf Tierkreiszeichen von der Sonne, einem Dreizehnten, regiert werden, zwölf Bodhisattwas durch einen Dreizehnten belehrt werden, oder Christus sich mit zwölf Jüngern umgibt. Im Dornröschen-Märchen ist die dreizehnte Fee zwar die böse Fee, weil sie den Todesfluch ausspricht, aber sie spricht ihn nach der elften Fee aus, so daß der Wunsch der zwölften Fee den Fluch in den hundertjährigen Schlaf wenden kann. Nachdem er abgelaufen ist, führt er durch das Erscheinen des Königssohns, des »neuen Prinzips «, zu einem neuen Königtum. Die Dreizehn hat hier die Qualität, die aus dem Tod neues Leben gebiert. Daher vor allem war sie auch immer eine Zahl des Christus.

Der große tschechische, zeitgenössische Komponist Peter Eben schreibt über die Demut des **gregorianischen Chorals**:

„Das, was mich am gregorianischen Gesang oft ergreift, ist - neben dem Inhalt - seine augenscheinliche Demut. Hier kennt der Komponist noch keinen Ruhm, hier arbeitet er wie jeder andere - inmitten einer Gemeinschaft, der er dient, anonym und ohne Originalitätsansprüche."

Ein Zauber des gregorianischen Gesanges ist auch der Puls des langsameren Jahrhunderts. Die Hektik unserer Zeit hat auch in die Musik eine gewisse Atemlosigkeit und Hast hineingetragen, wir ergehen uns im schnellen Tempo und vertragen ausgedehnte Flächen nicht mehr.

Man schreibt nicht mehr so sehr an stundenlangen Sinfonien, sondern an solchen, die nur Minuten dauern (wie Darius Milhaud), man liest nicht mehr Romane von fünfhundert Seiten. Das Feld beherrschen Novellen, Kurzgeschichten, alles muss möglichst kurz sein.

Und gerade deshalb wird auf uns ein solch beruhigender Eindruck ausgeübt, wenn wir plötzlich in einen musikalischen Freiraum geraten, der, aus dem Nichts kommend, sich nirgendwo hinneigt, sondern am Ort stillsteht; eine Musik, die sich gleichsam wie im Kreis bewegt - und, sobald wir ihn betreten, die Zeit anhält und unsere Unruhe stillt."

Manfred Stöhr schreibt sehr treffend über die Seele und die Kunst in seinem Werk „Der Mensch ist mehr als sein Gehirn" folgende Überlegungen:

„Dass sich Seelisches in Stofflichem auszudrücken vermag, zeigt sich nicht nur am menschlichen Leib, sondern auch in der Kunst. Maler und Bildhauer bearbeiten Materie in einer Weise, dass Anschauungen und Gefühle darin aufscheinen, in Formen und Farben gemischt und in Stein gemeißelt. Farben und Formen offenbaren geistige Inhalte wie Liebe und Grausamkeit, Freiheit und Unterdrückung, menschliche Größe und Niedrigkeit, und manches kann dadurch verständlicher ausgedrückt werden als durch Begriffe. Geistige Inhalte werden vom Künstler in das jeweilige Kunstwerk gelegt und erwecken im kunstsinnigen Betrachter gleichartige Empfindungen. Ebenso, wie sich in Haltung, Blick und Mimik Freude und Trauer, Hoffnung und Verzweiflung ausdrücken, schaffen Künstler dasselbe mit ihren Mitteln, so dass beispielsweise Leonardo da Vinci mittels Leinwand und Farben seiner Mona Lisa und Matthias Grünewald dem Isenheimer Altar eine unbeschreibbare geheimnisvolle Aura verleihen konnten.

Komponisten erreichen derartige Wirkungen mit ihren Partituren, sofern diese von einfühlsamen Musikern und Sängern interpretiert werden. Dabei ist Musik naturwissenschaftlich gesehen nichts anderes als ein Ineinander von Schallwellen unterschiedlicher Frequenz und Stärke, somit ein rein physikalisches Phänomen. Und dennoch ist in sie unsichtbar und unerklärlich Liebe und Hass, Glück und Traurigkeit, Sinn und Abgründigkeit, Hoffnung und Verzweiflung eingewoben und rührt die Herzen der Hörer. Die Bandbreite der in musikalischen Werken ausgedrückten Gefühle reicht von überschwänglichem Jubel bis hin zu tiefster Trauer, und Menschen, die hierfür taub sind und nur Schallwellen vernehmen, sind im Grunde bedauernswerte Geschöpfe. Das Beispiel Musik zeigt, dass durch den Komponisten eine Übertragung geistiger Inhalte auf die physikalische Ebene möglich ist, ebenso wie deren Rückübertragung auf die

Zuhörer – eine zweifache Transformation, unmessbar und doch von unbezweifelbarer Realität.

Bereits die unterschiedlichen Tonarten in Dur und Moll erwecken eine spezifische Grundstimmung die durch „bedeutungstragende musikalische Elemente" überlagert wird. Wie absurd wäre den Wert einer Musik durch Abzählen zu ermitteln. Ebenso ungenügend wie eine derartige Analyse der Musik ist auch eine auf das Materielle beschränkte Untersuchung des Menschen. Ebenso wie Musik mehr ist als die Gesamtheit der Noten, ein Gemälde mehr als Leinwand und Farben, ein Buch mehr als die Summe seiner Blätter und Buchstaben, ist auch der Mensch mehr als die Gesamtheit seiner 60 Billionen Zellen.

Klänge, Bilder, Düfte, Berührungen lösen Emotionen aus, die ihrerseits Rückwirkungen auf körperliche Abläufe besitzen, so dass eine zweifache Transformation vom Stofflichen zum Seelischen und erneut zum Stofflichen erfolgt.

Nachdem der Leib die psychosomatische Einheit "Mensch" nach außen hin repräsentiert, erkennen wir in diesem am deutlichsten die altersabhängigen Veränderungen. Der Mensch als Werdender ist eben dadurch ein sich Wandelnder.

Parallel zum lebenslangen Reifungsprozess vollzieht sich ein Gestaltwandel, so dass uns das Antlitz eines alten Menschen viel von seiner Biografie verrät.

Paradoxerweise ist die Lebenskraft auch die Ursache des Todes - wenn sie eines Tages erlischt. Tote Materie kann nicht sterben, da sie nie gelebt hat."

Heilige Geometrie

Zur heiligen Geometrie gehören: der „Der Goldene Schnitt" mit dem Verhältnis: major:minor wie das Ganze zum major, 1:1,618 mit Phi 3,14 für den Kreis, der die göttliche Einheit darstellt; die Eulersche Zahl 2,71 nach der die Natur aufgebaut ist; der Quadratura Circuli mit dem Winkel 51,8540°=51°51'14" Steigungswinkel der Pyramiden und des Agnihotra Feuertopfes, Teilung des Siebensterns, Chartre; Fibonacci-Folge 1,2,3,5,8,13.(Verhältnisse der chromatischen Tonleiter), Primzahlen.

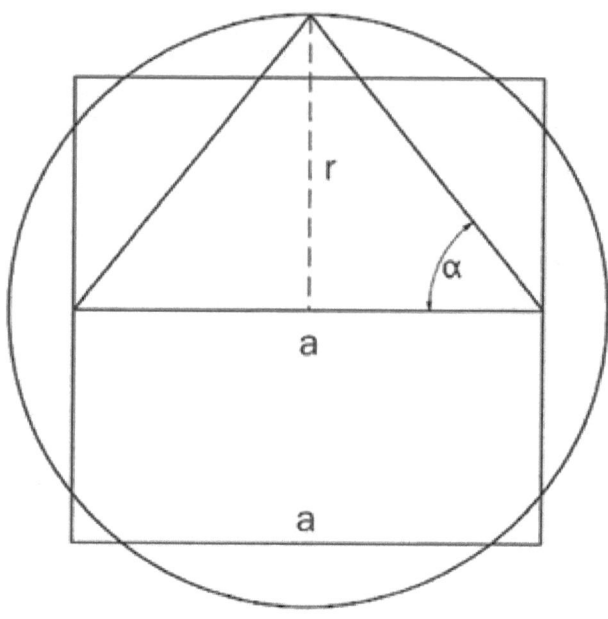

Abbildung 9: Quadratura Circuli

Umfang Kreis: $\quad U_{Kreis} = 2 \cdot \pi \cdot Radius = 2 \cdot \pi \cdot r \quad$ (1)

Umfang Quadrat: $\quad U_{Quadrat} = 4 \cdot Seitenlänge = 4 \cdot a \quad$ (2)

Ziel: Beide Umfänge sind gleich

$$U_{Quadrat} = U_{Kreis}$$
$$4 \cdot a = 2 \cdot \pi \cdot r \qquad (3)$$

Umstellung der Formel für Weiterberechnung

$$\frac{r}{a} = \frac{4}{2 \cdot \pi} = \frac{2}{\pi} \qquad (4)$$

Winkelberechnung

$$\tan \alpha = \frac{r}{a/2} = \frac{r}{a} \cdot 2$$

$$\alpha = \arctan\left(\frac{r}{a} \cdot 2\right) \qquad (5)$$

(4) eingesetzt in (5)

$$\alpha = \arctan\left(\frac{2}{\pi} \cdot 2\right) = \arctan\left(\frac{4}{\pi}\right) \qquad (6)$$

$$\alpha = 51{,}8540° = 51°51'14" \qquad (7)$$

Abbildung 10:
Aus „Agnihotra" der Feuerritus von Horst und Birgit Heigl Homa Hof Heiligenberg

Schulzeit

Nun ist es erst mal genug mit der hohen Mathematik und kommen wieder auf die Erde zurück in die Schulzeit im Landschulheim Holzminden im Solling, wo ich von der Sexta 1949 bis 1954 mit der harmonischen Welt in Berührung kam.

In der LSH Schulzeit hörten wir in der hier abgebildeten Hohen Halle jeden Morgen zur Morgensprache Fräulein Brigitte Bischoff, Violine und unseren Musiklehrer Hans Landmann am Flügel eine halbe Stunde klassische Stücke und zweimal die Woche zur Abendsprache oft auch Konzerte.

Dies war der **springende Moment** wo wir unsere Ohren spitzten und einübten in die so harmonische, klassische, wundervolle Musik, wie sie wohl niemand anderes so intensiv erleben durfte. Ich kann mich noch gut erinnern wie wir montags die Ankündigungsprogramme am Hohen Hallen Anschlag studierten und sonntagabends die alten Programme sammelten und diskutierten. Da hier wirklich nur ausgesuchte Stücke vorgetragen wurden, konnten wir unbewusst unsere Ohren daran schulen.

Das Jagdhornblasen war auch in Holzminden bei dem einen oder anderen ganz akut. Ich hatte meine Hauptübungszeit nach dem Mittagessen. Dafür hatte ich mir einen besonders geeigneten Übungsplatz ausgesucht. Hinter dem Unterhaus unter dem Fenster des Englischlehrers Egon, der dann immer seine Mittagsruhe machte. Jedes Mal öffnete er das Fenster und bat mich sehr geduldig und höflich, doch etwas weiter in den Solling zum Üben zu gehen, da er noch Hausaufgaben zensieren müsse.

In den folgenden 60 Jahren der Ausbildung, Lehre, Beruf und Familie ist die klassische Musik zu einer Stimulanz, harmonischen Bildung, Seelenspeise, Halt beim Bewältigen der vielen zwischenmenschlichen Probleme, Weiterbildung zum Größeren, weiseren oder erleuchteten Menschen geworden. Sie hat geholfen, das Ziel „eines Tages im Himmel sein zu dürfen" voranzutreiben.

Inzwischen ist eine ausgesuchte Musikbibliothek mit etwa 500 klassischen Kompositionen von 150 Komponisten mein ständiger Begleiter. Das aufmerksame, feine Ohr lernt zwischen passend und unpassend zu unterscheiden. Dies geschieht nur durch ständiges aus- und abwägen, sind alle Harmoniken Gesetze erfüllt, ist es denn nun wirklich ein Seelenschmaus oder nur Verführung dahin oder sogar ein Scharlatan.

Ort	Komponist	gelebt von/bis	Stück	Dur/Moll	Verz.	Bem.
2	Albinoni, Tomaso	1671-1750	Konzert/Sinfonie/Trompete Oboe	-	-	
CD-Li			Trompetenkonzert	D-Dur		
95			Konzert für Violine	G-Dur	Op.10 Nr. 4	BS

Abbildung 11: So könnte man sich eine Datei aufbauen um immer einen klaren Überblick zu behalten, siehe Anhang

Sprich von Musik nur zu einem Musiker! (China)

Als die Kinder zur Schule kamen gab es keine Volksliederbücher. So habe ich aus vielen alten Schinken Lieder kopiert und binden lassen. Das gleiche mit unseren Weihnachtsliedern. Als Felix, mein Sohn, aktiv wurde, fehlten auch hier die alten bekannten Studentenlieder, und zum Schluss habe ich nun für die Enkel die Kinderlieder kopiert. (siehe Anhang).

Der göttliche Code

Die Töne, wie sie Ina Denison in dem Buch „Der göttliche Code" beschreibt, folgen dem Gesetz: Jede höhere Oktave entsteht durch Verdopplung der Frequenz der darunter liegenden Oktave.

„Das Klavier umfasst 7 Oktaven, unsere Ohren können 10 Oktaven hören, Augen nur eine Oktave sehen! Ausgehend vom Kammerton 'a' der 1939 international auf 440 Schwingungen pro Sekunde festgelegt wurde, sind die Frequenzen der Töne nachfolgend errechnet. Dieser Ton 'a', ist der Ton, der dem Licht am nächsten ist: Luft! Geist schwingt im linken Modul mit dem Ton a. Die Dur Tonleiter ist neben F-Dur die traditionell am häufigsten angewandte Tonleiter. Beide Töne sind uns aus der Natur vertraut: ein starker Wasserlauf wird als c' gehört, Gebirgsbäche und Bäume als f'. So ist es verständlich, dass Musikstücke, die die Natur beschreiben, meist in F-Dur geschrieben sind. Unser Gefühl wird durch f' repräsentiert. Die zentrale Position des f', wird durch eine weitere Erkenntnis bestätigt: Wenn die Frequenzen der lydischen F-Dur-Tonleiter 40mal verdoppelt werden = 240, so kommen wir exakt in die Frequenzen des uns heute sichtbaren Lichtes, also der Farben. Die Mittelachse im linken Modul zeigt den Weg, wie der Mensch codiert war, ist und sein wird: von 'c', über f', zu künftig h'". (siehe folgende Bilder)

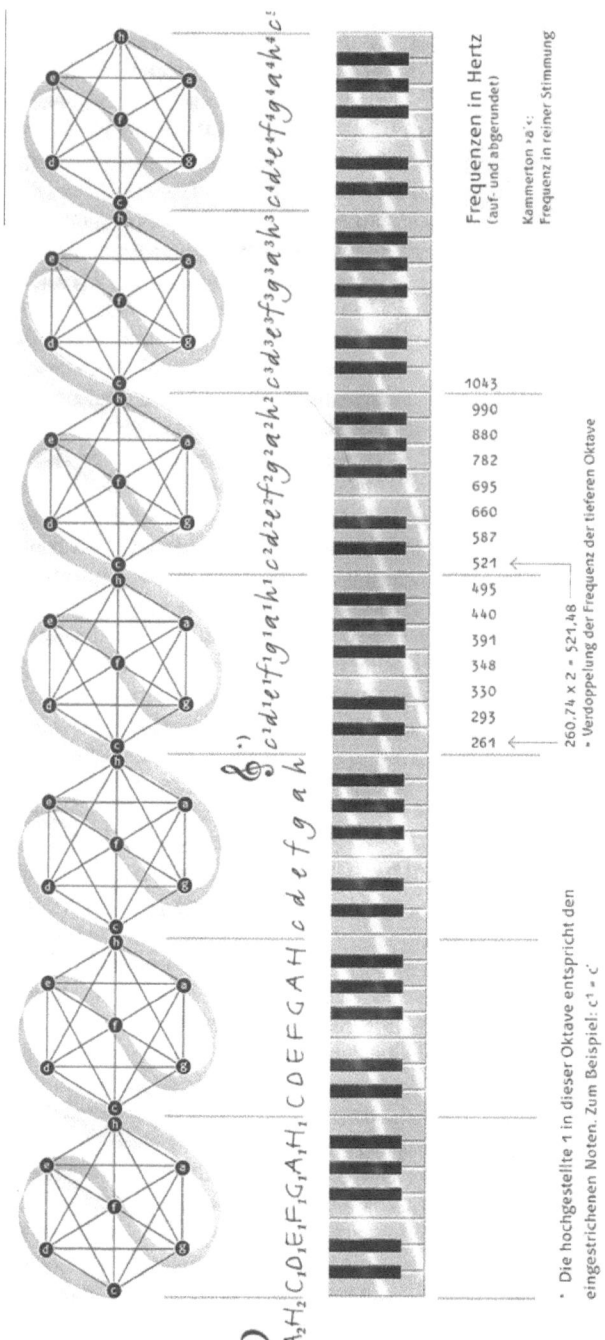

AUSSCHNITTE AUS DEM GESAMTSPEKTRUM DER ENERGIE: DIE 40FACHE VERDOPPELUNG DER EIN-
GESTRICHENEN LYDISCHEN F-DUR-TONLEITER ENTSPRICHT DEM SPEKTRUM DES SICHTBAREN LICHTS.

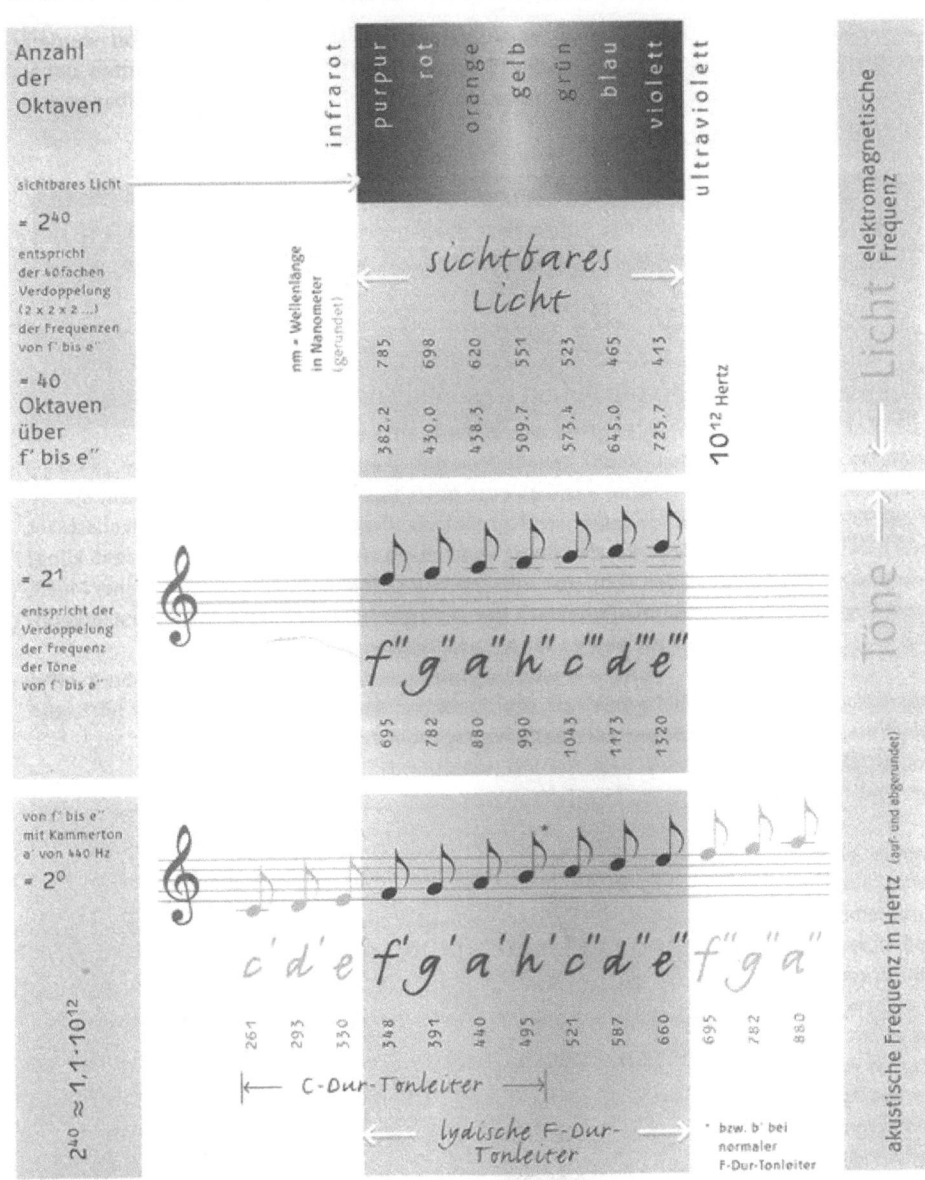

Olivier Messiaen tituliert die „Farbenmusik als Neue Musik":

„Die Musik kann sich auf verschiedene Weise dem Heiligen nähern. Da ist zunächst die liturgische Musik, die dem Aufbau des Offiziums folgt und nur während des Gottesdienstes ihren Sinn erfüllt. Da ist, zweitens, die geistliche Musik - und dieser Begriff umfasst ein weites Feld von Epochen und Ländern, von verschiedenartigsten ästhetischen Maßstäben.

Schließlich gibt es den Durchbruch zum Jenseitigen, zum Unsichtbaren und Unsagbaren, der mit Hilfe der Ton-Farbe gelingen kann und der in der Erfahrung des Geblendet-seins gipfelt.

Meiner Ansicht nach kann man die Musik nicht vollends verstehen, wenn man nicht oft die beiden Phänomene der Komplementärfarben und der natürlichen Resonanz der Klangkörper erfahren hat. Und diese beiden Phänomene haben mit dem Gefühl des Heiligen zu tun, dem staunenden Geblendet sein, aus dem Verehrung, Anbetung und Lobpreis entspringen. Und nun einige sehr knappe Worte über die Theorie der Ton-Farbe, wie ich sie verstehe. Es wäre kindisch, jeder Note eine Farbe zuordnen zu wollen. Nicht isolierte Töne erzeugen Farben, sondern Akkorde oder besser Tonkomplexe. Jeder Tonkomplex hat eine klar bestimmbare Farbe. Diese Farbe wird sich auf allen Tonebenen einstellen, aber sie wird im Mittelbereich normal sein, in höherer Lage mehr ins Weiße gehen (heller werden) und bei tieferer Lage mehr aufs Schwarze zugehen (dunkler werden). Auf der anderen Seite wird - wenn wir unseren Akkord von Halbton zu Halbton transponieren - er bei jedem Halbtonschritt seine Farbe verändern. Die liturgische Musik feiert Gott «bei Ihm zu Hause», in Seiner Kirche, in Seinem eigenen Opfer. Die geistliche Musik entdeckt ihn jederzeit und überall, auf unserem Planeten Erde, unseren Bergen, Ozeanen, mitten unter den Vögeln, Blumen, Bäumen und auch in dem sichtbaren Universum von Sternen, die uns umgeben. Aber die Farbenmusik wiederholt das Werk der Scheiben und Rosetten des Mittelalters. Sie bringt uns in den Zustand geblendeten Staunens. Indem sie gleichzeitig unsere vornehmsten Sinne, das

Gehör und das Auge, berührt, erschüttert sie unser Sinnesvermögen, reizt sie unsere Vorstellungskraft, erweitert sie unser Erkennen, drängt sie uns, die Begriffe zu überschreiten, hin zu dem, was höher ist als Urteil und Intuition: der Glaube. Der Glaube jetzt und seine logische Fortführung, die wirkliche Kontemplation, die «Visio beatifica» nach dem Tode. Unser auferstandener Leib wird trotz seiner Verklärung, seiner Kraft, seiner Geistigkeit, dasselbe Fleisch bewahren, das uns bekleidet und begleitet hat. Damit bleiben auch dasselbe Sehvermögen und Gehör erhalten. Man sollte also gut schauen und horchen, um die Fülle der Musik und der Farben wahrzunehmen, von der die Apokalypse spricht."

Die Offenbarung Gottes in der Zahl zur Harmonieweisheit

Der Wissenschaftler und Philosoph Rudolf Gorsleben, hat in seinem Buch „Hoch-Zeit der Menschheit" ausführlich über die Harmonieweisheiten berichtet. Im Folgenden zitiere ich die interessanten Stellen daraus:

„Die unsichtbare Achse des Göttlichen, die geistige Irminsul, (Sakral Symbol unserer Mütter und Väter der Germanen) steht senkrecht, das Stoffliche aber ist eine Abweichung vom Geistigen, vom Senkrechten. Ein durchaus ähnliches Bild ergibt sich, wenn wir uns das Weltall als einen Kreis denken. Würden wir die Erdachse einzeichnen, so wiche sie von einer Senkrechten, durch den Kreis gelegt, um 23° ab. Das ist aber der vierte Teil eines Kreisviertels nach nebenstehender Figur.

Durch die Zeitsenkrechte im Kreise gewinnen wir ein Vor und ein Nach, Vergangenheit und Zukunft, ein Positives und ein Negatives, durch die Raumwaagerechte im Kreise ein Oben und eine Unten.

Wir erhalten aber so auch 4 Kreisviertel, die sich gegenseitig entsprechen und die wir nach Maßgabe der Abweichung der eingezeichneten Erdachse von der Senkrechten jeweils in 4 Abschnitte auf den Viertel-Kreisbogen teilen, so dass wir 16 Kreisabschnitte erhalten, oder je 2 acht - geteilte Halbkreisbogen, die sich wie oben und unten, oder wie rechts und links, oder wie positiv und negativ, entsprechen.

Die Erdachse teilt nun aber infolge ihrer Abweichung um 23° von der Senkrechten die Halbkreisbogen in zwei ungleiche Hälften, und zwar nach der Richtung ihrer Abweichung nach rechts in eine kleinere mit drei positiven Teilabschnitten und eine größere Hälfte mit fünf negativen Teilabschnitten.

In diesem Abweichungsverhältnis liegt nun verborgen das mathematische Wunder vom goldenen Schnitt, in dem ein kleinerer Teil zum größeren Teil sich verhält wie der Größere zu beiden zusammen.

In Zahlen ausgedrückt ist es wieder das Verhältnis in der Schöpfung, das sich die Drei verhält zur Fünf wie die Fünf zur Acht oder zum Ganzen.

Die Acht erscheint hier wieder in der Bedeutung des Ganzen, das in die hohe, heilige Acht genommen werden soll bei allem Schaffen und Schöpfen.

Im goldenen Schnitt sah die schöpferische Menschheit von je das Verhältnis einer absoluten Harmonie, und für das Endliche, Stoffliche mag dieses Gesetz Geltung behalten.

Da aber das Verhältnis des goldenen Schnittes ein Ergebnis der irdischen Abweichung ist von der mathematisch-göttlichen Geraden, Senkrechten, so bestätigt es die Unhaltbarkeit alles Irdischen, Stofflichen als eines Zustandes, der wieder nach seiner Auflösung verlangt im Geistigen, in Gott, denn wir entdecken in dieser furchtbaren Gewissheit irdischer Abweichung von der geistigen Wirklichkeit, der Senkrechten, die entsetzliche Bedeutung einer solchen falschen, ungleichen Harmonie, die eigentlich 4:4 sein müsste und im Göttlichen tatsächlich 4:4 oder absolut ist.

Wir dürfen füglich voraussetzen, dass auch die Weltachse ihrerseits wieder eine Abweichung von der göttlich-geistigen Senkrechten aufweist, und das ist für alle Materie gesetzlich gültig.

Von dieser Abweichung vom Göttlichen, Senkrechten wiederum haben alle Erscheinungen, Schöpfungen im All ihre polaren Gegensätzlichkeiten im geistigen Positiven und im stofflich Negativen.

Stünde die Weltachse, bildlich gesprochen, senkrecht, so wäre wohl alle Erscheinung aufgehoben, nichts wäre möglich, nichts Erschaffenes vorhanden.

Das Ergebnis dieser Abweichung vom Göttlichen, Geistigen, Absoluten ist es, was wir Leben nennen.

Es ist das „Viertel", von dem seit einigen tausend Jahren die Rigg-Veda (Rigg-Edda) singt:

So groß ist diese, seine Majestät, (Purusha)

Doch ist er größer noch als sie erhoben;

„Ein Viertel" von ihm alle Wesen sind,

„Drei Viertel" von ihm sind unsterblich droben.

„Drei Viertel" von ihm schwangen sich empor,

„Ein Viertel" wuchs heran in dieser Welt,

Um auszubreiten sich als „alles"

Was durch Nahrung sich und ohne sie erhält.

Werfen wir einen kurzen Blick auf die beiden Hallstatt-Ornamente, die auf Gürtelblechen vorgefunden wurden und etwa aus dem Jahre 1500 vor Christus stammen.

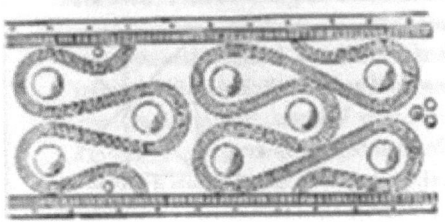 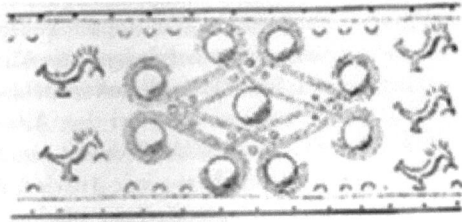

Abbildung 12: Hallstatt-Ornamente, etwa aus dem Jahre 1500 vor Christus

Auf dem ersten Riemen scheint ein Zahlenverhältnis vom Werte 3 zu 5, also des goldenen Schnittes, angestrebt. Wir bemerken 3 Kugeln in einem Bande verschlungen, denen 5 Kugeln, in einem längeren Bande verschlungen, gegenüber liegen.

Die Dreiheit ergänzt sich durch zwei kleinere Kugeln zu einer Fünfheit, die Fünfheit der großen Kugeln durch drei kleinere zu einer Achtheit, Achtung!

Das Verhältnis der Zahlen 5 und 8 zum goldenen Schnitt ist bekannt, außerdem ergänzen sich beide zur Kultischen Zahl 13. der Fibonacci-Folge 1,2,3,5,8,13 (italienischer Mathematiker des 13.Jharhunderts. Vermehrung der Kaninchen)

Das sind Zahlen und Verhältnisse, die etwas ausdrücken wollen.

In dem nebenstehenden Gürtelteil erkennen wir die 8 „Kegel" mit dem König in der Mitte. Jedem Kugelpaar sind drei kleinere zugeteilt, die für sich wiederum 12 ergeben. Mit der 9 zusammen 21 = 3x7.

Fünf Hähne, so sprechen die Figuren an, begleiten zu zweit und zu dritt die Kugeln, die durch verbindende Stränge gleich Flugbahnen zusammengehalten werden.

49

Wir gehen wohl nicht fehl, wenn wir in diesen gold-blech beschlagenen Gegenständen mit offenkundigen astronomischen Zeichen jene magischen Kraftgürtel sehen, die ein Teil der priesterlichen Kleidung überall waren.

Das Wesen der Einheit durchdringt die Acht wie keine andere Zahl. Diese andere Eigenschaft macht sie zu einer vollkommenen Zahl.

Als solche muss sie eine Vielheit sein, deren Verhältnis sich in einer natürlichen Reihenfolge ihrer Einzelglieder, ohne Lücken ausprägt.

Ein Verhältnis, wie sie sich in den Zahlen 1234 oder 4321 kundgibt, muss vollkommen genannt werden, weil ihre Einzelglieder sich in natürlichen Reihen folgen.

Eine Rechenaufgabe mit der Acht möge das zeigen.

$$1 \times 8 + 1 = 9$$
$$12 \times 8 + 2 = 98$$
$$123 \times 8 + 3 = 987$$
$$1234 \times 8 + 4 = 9876$$
$$12345 \times 8 + 5 = 98765$$
$$123456 \times 8 + 6 = 987654$$
$$1234567 \times 8 + 7 = 9876543$$
$$12345678 \times 8 + 8 = 98765432$$
$$123456789 \times 8 + 9 = 987654321$$

Das ist himmlische, göttliche Mathematik, die der Be-Acht-ung würdig ist, weil sie mit ihren gesetzmäßigen Auswirkungen zur Welt- und Gotteserkenntnis führt und damit zum wahren Wesen unseres Seins".

Nun sind wir etwas ausschweifig geworden aber es ist wichtig auch mal die Weisen unter uns zu Wort kommen zu lassen da unsere Hirne doch zu klein für so große Gedanken sind.

Platons Einheit und Vielheit

Vor 2500 Jahren ging Pythagoras' Vermächtnis auf eine andere tragende Säule der westlichen Zivilisation über: auf Platon, der um 428 v. Chr. geboren wurde, etwa siebzig Jahre nach dem Tod des Pythagoras. In seinem Buch „Harmonie" schreibt Prinz Charles folgendes:

„Platons Werk ist so bedeutend, dass nach Auffassung vieler heutiger Gelehrter alle nachfolgenden Philosophen seinem umfassenden Wissen wenig mehr hinzuzufügen hatten und haben als ein paar Fußnoten. Platon war ein Schüler des Sokrates in Athen und vertiefte sich in das Studium zeitloser Wahrheit. Nach seiner Meinung gibt es eine essenzielle Beziehung zwischen **der Mannigfaltigkeit des Lebens, das um uns herum summt und brummt, und der Einheit des ganzen Universums**, das diese Vielheit erhält."

Platon behauptete, das höchste Studium überhaupt sei das Studium der Harmonien in der Musik und der Verhältnisse in der Geometrie, denn diesen entsprächen auch die Grundmuster innerhalb der Menschheit. Er lehrte, ohne die Ausgewogenheit des Ganzen, können sich weder Werke der Kunst noch das Leben selbst auf eine dauerhafte und gesunde Art erhalten. Je mehr ein System aus dem Gleichgewicht kommt, so Platon, umso radikaler fallen die Versuche aus, einen Ausgleich herbeizuführen, bis das ganze System ins Wanken gerät und zerfällt.

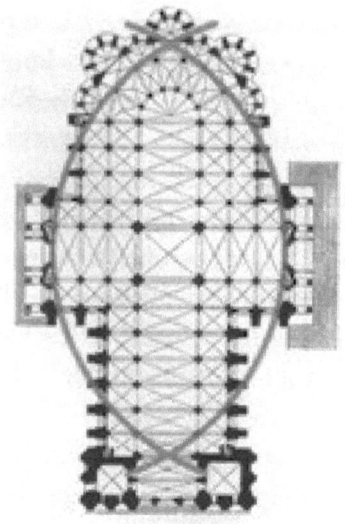 

Abbildung 13: Mandel einer Kathedrale   *Abbildung 14: Geometrische Mandel*

Wenn man eine Gerade quer durch die Mitte der Mandelform zieht und ihre beiden Enden mit den oberen oder unteren Kreisschnittpunkten verbindet, entsteht ein vollkommenes gleichseitiges Dreieck. Diese Form ist in der Geometrie von entscheidender Bedeutung, nicht zuletzt deshalb, weil sie eine der tragfähigsten Formen der Architektur ist. Platon sprach in diesem Zusammenhang vom schönsten aller Dreiecke.

Aus einem gleichschenkligen Dreieck lässt sich ein Quadrat konstruieren, und Quadrat und

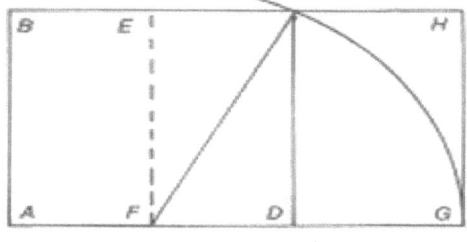

Dreieck ergeben zusammen ein Rechteck, das ebenfalls durch alle Zeiten hindurch eine tiefe symbolische Bedeutung hatte und seit Langem als »Goldenes Rechteck« oder Goldener Schnitt bekannt ist, weil das Verhältnis seiner beiden Seiten 1: 1,618 beträgt. Im 20. Jahrhundert gab ihr der amerikanische Mathematiker Mark Barr den Namen Phi. Phi ist der erste griechische Buchstabe im Namen eines Bildhauers, des Phidias, dessen Werke im Parthenon hoch oben über Athen ausgestellt wurden und wie der Parthenon selbst ihre Schönheit und Ausgewogenheit aus dem Verhältnis 1: 1,618 ... bezogen, das bei ihnen Anwendung fand. Die Griechen nannten es die »Goldene Mitte« oder den »Goldenen Schnitt« er ist in jüngster Zeit durch Bücher und Filme wie den Da Vinci Code, Sakrileg populär geworden. Selbst in etwas so Kleinem und Gewöhnlichem wie dem Blütenköpfchen eines Gänseblümchens ist dieses Verhältnis zu erkennen.

Abbildung 15: Gänseblümchen

Der Blütenstand mit den Samen des Gänseblümchens bildet zwei durchaus nicht zufällige, sich von innen nach außen drehende Spiralen. Die Spirallinien drehen sich in entgegengesetzter Richtung und folgen einem präzisen mathematischen Größenverhältnis. Die Anzahl von Samen auf der Linie, die in die eine Richtung dreht, entspricht in einer bestimmten Proportion der Samenzahl der in die Gegenrichtung drehenden Samen, nämlich genau im Verhältnis des Goldenen Schnitts.

Die Zahlenfolge, die dieses Verhältnis beschreibt, 1,2,3,5,8,13, ist seit Jahrhunderten als Fibonacci-Folge bekannt und nach dem italienischen Mathematiker Leonardo von Pisa 1170-1240 benannt, der eine lange Studie darüber durchführte, wie sich die Zahl von Kaninchen mit jeder Generation erhöht. Er stellte fest, dass die Vermehrung der Kaninchen in einer Sequenz erfolgt, die genau der Reihenfolge entspricht, in der Pflanzen neue Blätter treiben oder Bäume neue Äste bilden. Den Anfang bildet ein Paar, aus dem dann zwei Paare hervorgehen usw. Da die Tragezeiten der Paare unterschiedliche Folgen bilden, ergibt sich eine merkwürdige Vervielfachung von 2 auf 3 auf 5 auf 8 auf 13 usw. Die Beziehung zwischen den Folgegliedern ist enger, als es auf den ersten Blick scheint. Jedes ergibt sich aus der Addition der bei den vorherigen. Noch weniger fällt ins Auge, dass jede dieser Zahlen, wenn sie durch die vorhergehende geteilt wird, mit stets zunehmender Genauigkeit die bekannte »goldene Zahl« 1,618... ergibt, eine Zahl, die Johannes Kepler als »kostbares Juwel« bezeichnete. Die Fibonacci-Folge hat eine gewisse Eleganz. Wenn jede der Zahlen die Seitenlänge einer Folge von Quadraten bildet, von denen jedes eine Seite mit dem vorhergehenden Quadrat teilt, entsteht eine Folge von benachbarten Quadraten. Wenn man die Ecken dieser Quadrate mit einer durchgehenden stetigen Linie verbindet, ergibt sich die wohlbekannte Spiralform, die nicht nur bei den Samen im Blütenköpfchen des Gänseblümchens vorkommt, sondern überall in der Natur, etwa im Schneckenhaus oder in der Form, die der Zeigefinger bildet, wenn wir die Hand zur Faust ballen. Immer sind die gleichen Zahlenverhältnisse im Spiel. Jedes einzelne Glied des Fingers von der Spitze bis zur Wurzel ist nach der Fibonacci-Folge proportional zum nächsten Fingerglied, ebenso wie die übrigen Körperproportionen - von der Nase bis zum Hals, vom Hals bis zur Brust und so weiter. Selbst bei unserem Wachstum spielen diese Zahlen eine Rolle. Unsere Zähne zum Beispiel wachsen entsprechend der allgemeinen Sequenz 1, 2, 3, 5, 8, 13".

Auch bei Kompositionen spielt der Goldene Schnitt eine große Rolle. Man kann nicht nur Töne nach dem Goldenen Schnitt anordnen (also ihre Frequenzen im Verhältnis von *Phi* wählen), sondern auch die Teile einer Komposition nach dieser besonderen Proportion bestimmen. Eine solche Komposition finden wir beim ungarischen Komponisten Bela Bartok (1881 - 1945) in dessen Sonate von 1938 (siehe Bild oben). Nicht nur die Länge der drei Teile Root, Position und Inversion stehen im Verhältnis des Goldenen Schnitts, auch Harmonie- und Melodiebildung basieren darauf.

Bekenntnis zu Johann Sebastian Bach vom Urwalddoktor Albert Schweitzer

„Was mir Bach ist? Ein Tröster. Er gibt mir den Glauben, dass in der Kunst wie im Leben das wahrhaft Wahre nicht ignoriert und nicht unterdrückt werden kann, auch keiner Entscheidungshilfe bedarf, sondern sich durch seine eigene Kraft durchsetzt, wenn seine Zeit gekommen. Dieses Glaubens bedürfen wir, um zu leben. Er hatte ihn. So schuf er in kleinen engen Verhältnissen, ohne zu ermüden und zu verzagen, ohne die Welt zu rufen, dass sie von seinen Werken Kenntnis nähme, ohne etwas zu tun, sie der Zukunft zu erhalten, einzig bemüht, das Wahre zu schaffen. Darum sind seine Werke so groß. Sie predigen uns: stille sein, gesammelt sein. Und dass der Mensch Bach ein Geheimnis bleibt, dass wir außer seiner Musik nichts von seinem Denken und Fühlen wissen, dass er durch keine Gelehrten- und Psychologenneugierde entweiht werden kann, ist so schön. Was er war und erlebt hat, steht nur in den Tönen. Es ist das Erleben aller derer, die wahrhaft leben: Lebensfreude und Todessehnsucht, unvermittelt eins in einem reinen Willen. Die, welche ihn verstehen, wissen nicht, ob es seine Realistik oder seine Mystik ist, die sie so ergreift. Es liegt etwas so unendlich Lebendiges und unendlich Abgeklärtes in seiner Stimmführung. Das ist keine Technik mehr, sondern Weltanschauung, ein Bild des Seins. Jede einzelne Stimme ein Wille, eine Persönlichkeit, alle frei, in Freiheit sich begegnend, sich meidend, sich hassend, sich liebend, sich helfend und zusammen etwas einheitlich Lebendiges, das so ist, weil es so ist."

Das Waldhorn

Aus dieser hohen Mathematik wieder zurück in die Praxis der Musik. Inzwischen habe ich ein Waldhorn erstanden, gefertigt von Anton Pini Heeresbrugg CH, auf dem ich mit viel Energie und leider wenig Ausdauer bekannte Wanderlieder oder Stücke aus dem Gesangbuch spielen kann. Dabei vibriert der ganze Körper mit, vor allem bei den tiefen Tönen.

Man muss aber einen wachen Kopf dazu haben was in der Mittagszeit nach dem Schwimmen oder Ausritt ganz gut passt.

Abbildung 16: Waldhorn

Das „Hifthorn" ist das große Jagdhorn in „B" gestimmt, ideal für einen kleinen Bläserkreis der sich jeden Monat zum geselligen Blasen und anschließendem Diner in verschiedenen Häusern der Teilnehmer trifft. Genauso wird es beim Strecke verblasen einer Jagd auf Wild verwendet oder zum Anblasen einer Reitjagd im Roten Rock.

Abbildung 17: Horst Uhl und Volker beim Anblasen vor der Reitjagd in Dorfmark mit der Niedersachsenmeute

Abbildung 18: Amalie von Schintling-Horny, Heidi von Scotti. Lorenz von Schintling-Horny, Wilko zu Knyphausen, Hubertus von Scotti, Felix und Volker von Schintling-Horny blasen zur Hochzeit unserer Tochter Franceska und Martin Geveke die Begrüßung

Gedanken zur Musik

Wir halten die klassische Musik für den Inbegriff unserer Kultur, weil sie ihre deutlichste Äußerung ist. Wir besitzen in dieser Musik das Erbe der Antike und des Christentums, einen Geist heiterer und tapferer Frömmigkeit, eine unübertreffliche ritterliche Moral.

Zwischen 1500 und 1800 ist mancherlei Musik gemacht worden, Stile und Ausdrucksmittel waren höchst verschieden, aber der Geist ist überall derselbe.

Immer ist die menschliche Haltung, deren Ausdruck die klassische Musik ist, dieselbe.

Immer beruht sie auf derselben Art von Lebenserkenntnis und strebt nach derselben Erhabenheit über den Zufall. Ob das nun die Grazie eines Menuetts von Händel ist oder die zärtliche Sinnlichkeit wie bei vielen Italienern oder bei Mozart, oder die stille gefasste Sterbensbereitschaft wie bei Bach. Es ist immer ein Trotzdem, ein Todesmut, und ein Klang von übermenschlichem Lachen darin, von unsterblicher Heiterkeit. So soll es auch in unserem ganzen Leben, Tun und Leiden klingen (Josef Knecht).

Was einem gefällt, ist natürlich Geschmackssache. Trotzdem stößt man immer auf besonders charakteristische Stücke mit einem starken Thema wie zum Beispiel:

- Albinoni, Tomaso 1671, Violinkonzert G-Dur Op. 10 Nr.4
- Bach, Carl Philip Emanuel 1714, Sinfonie F-Dur Nr.3
- Bach, Johann Sebastian 1685 Toccata und Fuge D-Moll
- Beethoven, Ludwig van 1770, Violinkonzert D-Dur Op. 61
- Bieber, Heinrich Ignatz Franz 1614, Sinfonie für Violine und Basso Kontinuo F-Dur Nr. 3
- Boeliy, Jean François 1739, Konzert für Harfe C-Dur

- Bruch, Max 1838-1920 Violinkonzert Nr.1 g-Moll Op. 26
- Cimarose, Domenico 1749, Sinfonie für Flöte G-Dur
- Dusec, Frantisek 1731, Symphony S-dur
- Geminiani, Francesco 1680, Concerto Grosso Violine G-moll Nr.12
- Gretriy, Andre Ernest Mordest 1741, Sinfonie G-Dur Op. 3
- Leclair, Jean Marie 1697, Violinkonzert C-Dur Op. 73
- Mao, Anton Sinfonie Nr.4 C-Moll
- Mendelssohn Bartholdy, Felix 1809-1847, Violinkonzert E-Moll Op. 64
- Mozart, Vater Leopold Divertimento B-Dur und D-Dur,
- Paganini, Nicolo 1782, Violinkonzert Nr.2 H-Moll Op. 7
- Rossini, Giotani 1792, Sonate A-Dur Nr. 2
- Scarlatti, Dominico 1685, Concerto Grosso A-door Nr. 1
- Strauß, Richard Hornkonzert S-dur
- Vivaldi, Antonio 1678, Flötenkonzert D-Dur, Op.10 Nr.3, Il Gardellino, Der Distelfink, Concerto Nr.1-4, E-Dur, g-Moll, F-Dur, f-Moll, Vier Jahreszeiten

Alle Kompositionen folgender Komponisten sind ohne Ausnahme ein harmonischer Ohrenschmaus:

- Johann Sebastien Bach 1685
- Wolfgang Amadeus Mozart 1756
- Antonio Vivaldi 1678
- Georg Fridrich Händel 1685
- Joseph Hayden 1732
- Robert Schumann 1810
- Franz Schubert 1797
- Georg Philip Telemann 1681
- Nicolo Paganini 1782

Jeder junge Mensch wird heute von Musik berauscht. Workman oder Handy mit zwei Strippen zu den Kopfhörern ist „in". Wie einfach macht es uns die Technik, harmonische Musik von den Medien herunterladen und auf Workman oder Handy kopieren. Alles zum Nulltarif. Auch kann man so Vokabeln oder Gedichte, Lieder, Vorträge, Reden oder sogar Tonfolgen auswendig lernen.

Bedeutung der Notation

Nur in der abendländischen Musik hat sich ein Notenschriftsystem entwickelt, das die eindeutige Abbildung von Tonhöhe, Ton Länge, Rhythmus und Mehrstimmigkeit ermöglicht. Damit wurde Gleichheit zwischen Notenschrift und gespielter Musik hergestellt. Temperatur (Stimmung) ist auch ein Anliegen anderer Musikkulturen, aber ihre mathematische Durchdringung half in der abendländischen Musik, mit der komplexer werdenden Mehrstimmigkeit fertig zu werden, während sie sich z. B. in China und Indien auf Melodieinstrumente bezog. Zur wohlklingenden Mehrstimmigkeit und zu der einfachen ästhetisch ansprechenden Melodik tritt noch ein weiteres wichtiges Merkmal: die Akkorde erhalten eine syntaktische Funktion in der Musik, die ihren Verlauf durch Spannung und Lösung dramatisieren. Die Attraktivität und emotionale Wirkung abendländischer Musik hat wesentlich mit dieser neuen „Sprache" der Musik zu tun.

Was macht eigentlich unsere Musik zur Musik? Es sind nicht die Töne nach der Tonleiter, sondern das, was zusätzlich als Zugabe mitschwingt, denn wenn wir eine Saite auf der Geige streichen, tönt nicht nur die angeregte Hälfte, sondern auch die anderen tönen mit. Hier vernehmen wir die **Obertöne, die vornehmlich, unsere Musik, ihre Erhabenheit, Harmonie und Schönheit ausmachen.**

Dieses Schwingen und Quieken im Hintergrund, das in den östlichen Musiken immer zum Vorschein kommt wird bei uns häufig unterdrückt. Wir sind Verstandesmenschen, unser Gefühl hat uns verlassen, darum wollen wir auch Musik wie Zahlen haben ... eins, zwei, drei. Aber alles, was drum herum ist, schneiden wir mit dem rechten Pedal ab.

Das gleiche in der Malerei. In dem Bild von Leonardo da Vinci "Mona Lisa", das wir so hoch verehren, ist dieses Ungenaue, dieses nicht ganz Klare deutlich hervorgehoben. Wir nennen es "sfumato" die Übergänge verschwimmen lassen. Erst dann kommt wirkliche Malerei, Musik oder wirkliches Leben zum Zuge.

Jeder, der den Namen "Künstler" mit Recht führen will, muss die ganze Wahrheit der Natur ausdrücken, nicht nur die äußere, sondern vor allem ihre innere (Rodin-Gsell).

Volltönenden Gedanken

Folgende volltönenden Gedanken hat der große Schriftsteller Hermann Hesse erdacht und für uns festgehalten:

„Dass aus Blättern voll von Notenzeichen solche weitgeschwungenen geistdurchsonnten, solche Welt- und Sternenchöre werden konnten, dass ein Orgelpfeifenchor sie in sich banne, ist es nicht ein Wunder ohne Gleichen. Dass ein Musikant am Manuale sie mit eines Menschen Kraft umsponnen, dass ein Volk von Hörern sie verstehe, miterschwinge, töne, miterstrahle, mit hinauf ins tönende Weltall wehe. Arbeit war's und Ernte langer Zeit, zehn Geschlechter mussten daran bauen. Hundert Meister fromm es zubereiten, viele tausend Schüler sie begleiten. Und nun spielt der Organist, es lauschen in Gewölben Seelen hingegangener, frommer Meister, mit vom Bau umfangener Geister, den sie gründen halfen und errichten.

Das Vollkommene aber ist hienieden ohne Dauer. Krieg wohnt jedem Frieden heimlich inne, und Verfall dem Schönen. Orgel tönt, Gewölbe hallt, es treten neue Gäste ein, verlockt von Tönen eine Frist zu rasten und zu beten, doch indes die alten Klanggebäude weiter aus dem Pfeifenwalde streben voll von Frömmigkeit, von Geist, von Freude, hat sich draußen dies und das begeben, was die Welt verändert und die Seelen.

Andere Menschen sind es, die jetzt kommen, eine andere Jugend wächst heran, Ihr sind die frommen und verschlungenen Stimmen dieser Weisen nur noch halb vertraut ihr klingt veraltet und verschnörkelt was noch eben heilig war und schön. In ihrer Seele waltet neuer Trieb, sie mag sich nicht mehr quälen mit den strengen Regeln dieser greisen Musikanten, ihr Geschlecht ist eilig, Krieg ist in der Welt, und Hunger wütet. Kurz verweilen diese neuen Gäste hier beim Orgelklang, zu wohlbehütet finden sie, zu priesterlich gemessen die Musik. So schön und tief sie sei. Sie wollen andere Klänge, feiern andere Feste, fühlen auch in halb verschämter Ahnung dieser reich gebauten, hoheitsvollen Orgelchöre unwillkommene Mahnung, die so viel verlangt.

Kurz ist das Leben und es ist nicht Zeit sich hinzugeben so geduldig komplizierten Spielen, übrig bleibt im Dome von den vielen die hier zugehört und miterlebt fast keiner, immer wieder einer geht von hinnen, geht gebückt ward älter, müde, kleiner, spricht vom jungen Volk wie von Verrätern, schweigt enttäuscht und legt sich zu den Vätern.

Niemand weiß ob noch der alte Meister drinnen spiele ob die zarten, die leisen Tongeflechte, die im Raume kreisen nur noch Spuk sind überbleibender Geister. Nachhall und Gespenst aus anderen Zeiten. Manchmal aber bleibt ein Mensch beim Dome lauschend stehen, öffnet sacht die Pforte, horcht, erkennt die fernen Silbertöne der Musik, vernimmt aus Geistermunde heiter ernster Väterweisheit Worte, geht davon mit klangbeschwungenem Herzen, sucht den Freund auf, gibt ihm flüsternd Kunde vom Erlebnis der entrückten Stunde dort im Dom, beim Duft erloschener Kerzen.

Abbildung 19: Kölner Dom 1248-1880 Gotik

Und so fließt im unterirdisch Dunklen ewig fort der heilige Strom, es funkeln aus der Tiefe manchmal seine Töne, wer sie hört spürt ein Geheimnis walten sieht es fliehen, wünscht es festzuhalten, brennt vor Heimweh, denn er ahnt das Schöne. Was wir in unserer Alltagssprache Musik nennen ist nur ein miniaturhafter Ausschnitt aus der Musik und der Harmonie des Universums, die hinter allem wirkt, und die die **Quelle und der Ursprung der Natur** ist. Viele Religionen der Welt haben uns gelehrt, dass der Ursprung der Schöpfung Klang ist. Die Musik des Universums ist der Hintergrund jenes so viel kleineren Phänomens, das wir auf dieser Erde als Musik empfinden. Unser Gefühl für Musik, die Art in der sie uns anspricht, zeigt uns, dass die wahre Musik in der Tiefe unseres Seins liegen muss. Musik ist im Wesen des Universums. Musik ist nicht nur das eigentliche große Objekt des Lebens, **sie ist dieses Leben selbst**".

Mozarts Musik „Eine Entrückung selbst" von einem der bedeutendsten deutschen Komponisten Hans Werner Henze:

„Der herabgestiegene Gott. Apollo. Hier ist die Reinheit, das Geglückte. Hier ist die reine Begeisterung des Geistes, die Überwindung der Schwerkraft. Nichts Revolutionäres: alles Vorhandene wurde mit leichter Hand entfremdet und erhöht. In seinem zeitlich so begrenzten Aufenthalt auf dieser Erde hat er die steifen zerebralen Mechanismen, die Sprachmittel seiner Epoche, bis zum Zerbrechen gespannt und ihrem Ende nahegebracht, mit den feinsten, herbsten, tiefsten und höchsten Klängen, die ein menschliches Ohr vernommen hat, dem Leichtesten und Schwermütigsten - mit dem schweren, süßen Wohllaut der Bläsersätze, mit unendlich feinem Muskelspiel der Streicher, den vollkommensten Vokalensembles, mit hellen triumphierenden Trompeten und Pauken.

Was triumphiert? Das Leben über den Tod? Der Tod über das Leben? Es ist der antike Triumph der Schönheit über das Unzulängliche, da das Unerreichbare erreichbar wurde, Vollkommenheit sich über das Leben erhebt mit dem Flügelschlag des apollinischen Todes. Die Form berauscht sich an sich selbst: Das Menschlichste, Humanste, was die Musik hervorgebracht hat, wie man sagt, wird von Schwäche, dem Menschlichen an sich, niemals berührt: Da, wo es scheint, dass Menschliches vorgeht, ist es doch wieder die Form an sich, die Musik selber, die den Rausch empfängt, die das Menschliche auffängt, abfängt, abrückt in die schönste Erhöhung, in die glücklichste Form - und vielleicht ist es gerade deswegen, dass so viel Freude sich ausbreitet, weil diese Musik gegen das Sterbliche so ganz abgeschirmt, weil sie die Entrückung selbst ist."

Schöpfungsprinzip

Harmonie in der **Gestalt** oder im **Wohlklang** ist neben der Lebensenergie das Wertvollste was ein strebender Mensch benötigt. Man denke an die Musik, wie es Walther Bühler in seinem „Schöpfungsprinzip" so vollendet ausdrückt, die in Gestalt einer Terz, Quint oder Sext, den Wohlklang hervorbringt:

„Hierbei handelt es sich um das Verhältnis zweier ganz bestimmter Maße oder Rhythmen was Seitenlänge oder Schwingungen betrifft. Auch bei der stetigen Teilung des Goldenen Schnitts liegt das Verhältnis zweier Größen vor. Hier handelt es sich aber um ein **irrationales** Verhältnis und nicht wie bei den musikalischen Intervallen um eine ganzzahlige, symmetrische Teilung wie im **vollkommenen Intervall der Oktave**.

Im goldenen Schnitt verhält sich der kleinere Teil Minor zum größeren Major genauso wie letzterer zum Ganzen. Die einmal gewählte Einteilung bringt viele kleinere oder größere Verhältnisse in Form einer **stetigen Teilung**, hervor. Baut der Meister ein Kunstwerk nach dem Goldenen Schnitt auf so entsteht bei der Betrachtung immer ein **harmonisches** Wohlgefühl. Der Kreis ein einpoliges göttliches Ganzes, im Gegenteil zu unserem zweipoligen Erdendasein lässt sich durch seinen Radius, sechsmal in den Kreisumfang gelegt, in einen Sechsstern das Hexagramm wandeln."

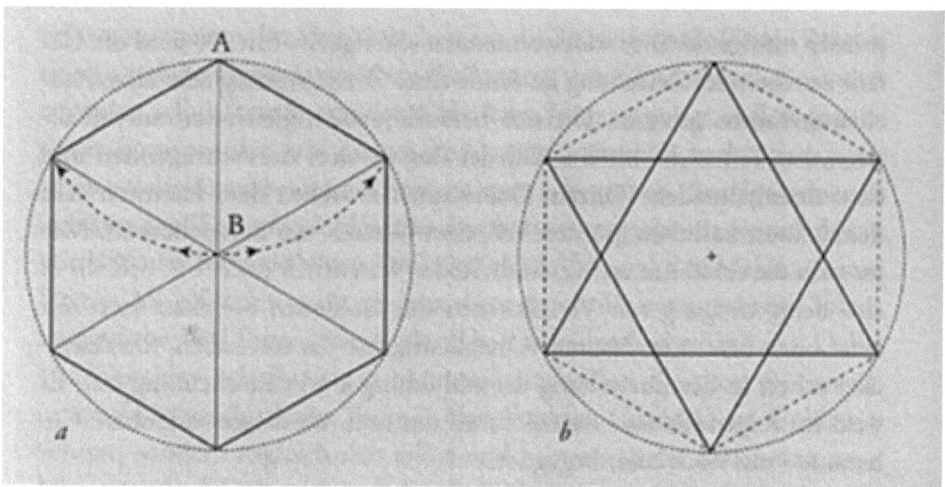

Abbildung 20: Der Radius AB des Kreises führt zur Entstehung des regelmäßigen Sechsecks a dessen Diagonalen den Sechsstern das Hexagramm b bilden

Wird der gleiche Radius im Goldenen Schnitt als Major aufgeführt so erhält man ein regelmäßiges Zehneck. Dieses bringt in der Folge das Fünfeck, den Fünfstern, das Pentagramm hervor. In der Natur finden wir in tausenden Blüten die Fünfteiligkeit wieder. Der menschliche Körper ist vom Goldenen Schnitt als Schöpfungsprinzip ganz und gar durchdrungen. Hieran ist klar zu sehen dass die gottgegebenen Formen und Verhältnisse Grundlage jeder Harmonie sind.

Augen- und Ohren Maß sowie das Bauchgefühl haben unsere Mütter und Väter ohne Rechenschieber und Computer mit dem Goldenen Schnitt, dem Pentagramm, Phi 1,618..., der quadratura circuli mit dem Winkel 51,8° (Steigungswinkel der Pyramiden bei Gizeh) und der Eulerschen Naturzahl 2,71 zu den großen gegenständlichen und musikalischen Kunstwerken geführt".

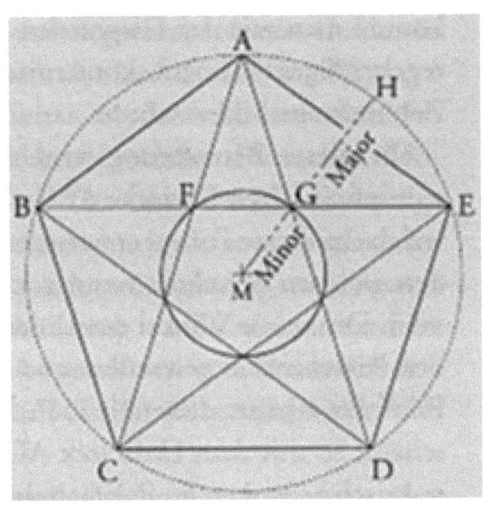

Abbildung 21: Entwicklung des Pentagramms aus dem Fünfeck

Ein Hauch vom Geiste Beethovens von dem großen Schweizer Pianisten und Dirigenten Edwin Fischer:

„Unter Bachs Klavierwerken finde ich solche für Orgel, für Geige, Gesang, Orchester, für Spinett, ja für ein Instrument, das es nicht gibt: ein Instrument, das der algebraischen Formel gleich «Musik an sich» ausdrücken würde. Konzentriertester Extrakt musikalisch logischen Denkens.

Ebenso Beethoven! Welche Herrlichkeiten hat er dem Klavier anvertraut, ganze Sinfonien, Streichquartette, Orgelstücke, Arioso, Chorsätze, Rezitative, Streicherfugen und spezifisch Klavieristisches - er schrieb dies alles für Klavier. Und welche Lust und Beglückung bot er damit dem Spieler! Hier bleibt für den Reprodozierenden etwas zu tun übrig, er muss erraten, färben, Schauspieler sein, das Orchester mit der Orgel vertauschen, Pianist, Sänger, Streicher, alles in einer Person sein! - Ist es da ein Wunder, dass durch die Beschäftigung mit dieser Musik die großen Klavierspieler entstanden? Und wie gelangt man zu Beethovens eigenstem Musizieren? Man hole die Werke, in denen er am meisten urschöpferisch war, hervor, jene verhältnismäßig unbekannten Stücke, in denen er sich im Momente des Schauens, Schaffens zeigt, die seinen Improvisationen gleichende Fantasie op. 77, die Bagatellen, bei denen er für jedes ein anderes Instrument benutzt, und vor allem die Diabelli-Variationen. Nie hat ein Komponist so umfassend Welten zusammengetragen, Zeiten vorausgeahnt, wie Beethoven in diesen Werken. Hier ist in dreiunddreißig Veränderungen ein Abriss gegeben, welche Möglichkeiten das Klavier hat und wie ein Genie es lebendig macht. Ehren wir sein Gedächtnis, nicht durch peinliche Tradition - die versteinerte Maske vom Antlitz des einst Lebendigen -, sondern Feuer von seinem Feuer, und sei es auch nur ein schwacher Abglanz wie das ferne Leuchten eines Millionen Lichtjahre entfernten Sternes - aber eines Sternes, der noch eigenes Licht hat - jung und schöpferfroh ist. Denn die beste Art, für Beethoven heute zu wirken, ist die, zu versuchen, durch intensives Studium seiner Werke sich seiner idealen, göttlichen Denkweise, seinem erhabenen Geiste zu nähern und nachher bei der Reproduktion durch treueste Hingabe einen Hauch dieses Geistes lebendig werden zu lassen."

Betrachtungen über die Musik und Kunst

Harmonische Musik ist die Darbietung der Tonfolgen nach göttlichen immerwährenden Gesetzen. Da, wo diese immerwährenden Wahrheiten von Harmonie und Einheit durchbrochen werden, hört die harmonische Musik auf. Sie wird dann künstlich, atonal, naturfern, schädlich, teuflisch, destruktiv.

Unsere Moderne ist, wie es die „Frankfurter Schule" mit dem Sozialpsychologen Max Horkheimer vorgegeben hat, „destruktiv, zerstörend. Die moderne Kunst ist künstlich von oben gemacht. Wenn ich mir eine Komposition von Bach oder Mozart anhöre, dann erlebe ich **Freude, Hochgefühl, Ruhe, Natur**, eigentlich das, was ich in unserem hektischen Leben heute brauche, um abzuschalten, um ruhig zu werden, um Mensch zu sein. Wenn den ganzen Tag über Telefone klingeln, Sirenen heulen, die Johanniterwagen mit Martinshorn draußen vorbeirasen, dann braucht man Ruhe. Und wenn ich das nur in Form der schönen, harmonischen Bilder bekomme oder einer klassischen Musik, Mozart, Beethoven, oder einer Plastik eines griechischen Kopfes. Dann bin ich beruhigt und habe keine Sorgen mehr."

Abbildung 22: Fuge As-Dur aus dem 2. Teil des Wohltemperierten Klaviers im Londoner Autograph

Bach schreibt selbst dazu:

„Das Wohltemperierte Clavier oder Præludia, und Fugen durch alle Tone und Semitonia, so wohl tertiam majorem oder Ut Re Mi anlangend, als auch tertiam minorenn oder Re Mi Fa betreffend. Zum Nutzen und Gebrauch der Lehrbegierigen Musicalischen Jugend, als auch derer in diesem Studio schon habil seyenden besonderem Zeitvertreib aufgesetzt und verfertiget von Johann Sebastian Bach. Anhalt-Cöthenischen Capel-Meistern und Directore derer Camer Musiquen. Anno 1722."

Aber die Moderne ist genau das Gegenteil, sie reizt, sie macht mich fertig, sie bringt mich zum Wahnsinn, will kämpfen, sie will mich animieren, sie sagt mir jeden Tag, ich verstehe sie nicht, ich bin zu doof, ich muss dran arbeiten - Müsste ich? Wenn ich in einem modernen Konzert der Komponisten Schönberg oder Stockhausen bin, halte ich mir die Ohren zu, weil ich diese Katzenmusik nicht aushalten kann. Ich werde noch gereizter als ich schon bin. Das wirkt so auf mich, dass ich zuhause alles kaputtschlage, die Kinder anbrülle, verrückt werde, und darin liegt auch ein Sinn. Wenn ich den großen russischen Maler Kandinsky als Führer dieser Moderne ansehe, dann kann ich den Zeitpunkt „Alte Kunst-Moderne Kunst", gut erkennen. gemalt um auszuruhen, um sich zu erfreuen, und ab 1905 (Erste russische Revolution) wird es abstrakt, da wird es zerrissen, gereizt, wird es bewusst zum Grübeln, zum Nachdenken, zum Aufputschen.

Kandinsky, Franz Marc, Cézanne, Klee gehörten damals zum Kreis der „Blauen Reiter".

Denn nichts anderes als Schwingungen sind die Töne - ein ewiges Hin- und-Her-Tanzen kleinster Luftmoleküle, deren Bewegung erst die Qualität dessen bestimmt, was an die Ohren der Welt dringt.

Das Ohr hat sich den "Klängen, die es aus der Natur kennt, angepasst". Auch die - letztlich willkürliche - Einteilung der Oktave in zwölf jeweils gleich weit voneinander entfernte Halbtöne in der abendländischen Musik ist schlüssig, weil sie den natürlichen Klangerfahrungen so gut wie irgend möglich gerecht wird.

Dennoch spielt die Mathematik in der Musik schon deshalb eine wesentliche Rolle, weil sie sich zwangsläufig im Rhythmus wiederfindet, der jedes Lied vorwärts treibt. Im Marsch wird das starre Korsett des Vierviertaltakts besonders deutlich. Mit der Präzision eines Uhrwerks drehen sich die Derwische im Tanz. Der Walzer ist deshalb so schwungvoll, weil ihn sein Dreiertakt mit Macht im Kreise dreht.

Besonders ergreifend wird Musik jedoch gerade dann, wenn sie mathematisch unscharf (sfumato) wird und sich gleichsam gegen einen allzu starren Rhythmus auflehnt. Ein faszinierendes Beispiel hierfür liefert der Swing: Swing ist das Herz des Jazz. Er erst erweckt Jazzmusik zum Leben und macht den Unterschied zwischen solcher Musik, die einen kalt lässt, und solcher, bei der jeder Fuß mitschwingen muss. Doch wann swingt Musik? Die Grundstruktur des Swing-Rhythmus besteht darin, die Achtelnoten der Musik abwechselnd lang und kurz zu spielen.

Claude Debussy komponierte mit der sechsstufigen Ganztonleiter. Damit schuf Debussy Harmonien, die sich radikal von denen Bachs, Beethovens oder Brahms unterschieden.

Auf die Spitze trieb den Verzicht auf jegliche Harmonik schließlich in den zwanziger Jahren des letzten Jahrhunderts der österreichische Komponist Arnold Schönberg mit seinem Zwölftonsystem.

Heute steht die Musik, wie alles andere auch, unter dem Einfluss der Denkweise des 20. Jahrhunderts wie Prinz Charles in seinem Buch „Harmonie" so klar ausdrückt. Er schreibt: „Die Moderne durchdringt die Musik ebenso wie alles Übrige. Es ist vielleicht kein Zufall, dass gerade, als die Ideologie der Moderne im 20. Jahrhundert die traditionelle Auffassung von Kunst und Architektur zu verdrängen begann, Komponisten wie Schönberg und seine Neue Wiener Schule in ihrer Musik die Idee verfolgten, mit der traditionellen

Harmonie der Töne zu brechen und stattdessen eine »atonale« Musikstruktur zu begründen - das heißt, ein Tonsystem, das nicht mehr auf einen festen Grundton oder eine bestimmte Tonart fixiert ist. Viele Musiker folgten ihrem Beispiel und komponierten sehr interessante, bewegende Musikwerke, aber ihr Schaffen führte zwangsläufig zu immer extremeren Experimenten, besonders in den 1960er und 1970er Jahren.

Komponisten wie Stockhausen und die Darmstädter Schule zum Beispiel erzeugten Musik, die so unmelodisch ist, dass sie das Auffassungsvermögen überfordert und für die Mehrheit der Zuhörer völlig unverständlich ist. Wie ein Großteil der modernen Architektur jener Zeit ist sie zu »rational«, das heißt, sie wendet sich oft nur an den Kopf und in den meisten Fällen nur an die klügsten Köpfe, und so steckt in jeder dissonanten Wendung die implizite Botschaft, dass wir sie nur verstehen können, wenn wir genauso **intelligent sind wie der Komponist**. Das ist eine Vorstellung, die in krassem Widerspruch zum traditionellen Harmonieverständnis und seinem Grundakkord steht, nach dem wir Musik nicht »denken«, sondern sie **fühlen** und mit ihr mitschwingen wollen."

Die Moderne Kunst ist ein Politikum. Alle staatlichen Auszeichnungen, Beihilfen und Preise für die Künstler, sind politisch gerichtet. Nur der wird hochgejubelt der besonders modern ist. Siehe zum Beispiel Joseph Beuys. Alle Menschen sollen von der Tradition von dem geraden Weg von dem Göttlichen in der Kunst getrennt werden. Die Moderne zerstört den Halt an Hergebrachtes, sie macht die Wähler gefügig für alle politischen Übertretungen der Mächtigen. Jemand, der keinen geraden Weg geht, keinen dicken Nacken hat, keine eigene Meinung vertritt, kein genaues Ziel kennt, der ist eben ohne Ziel.

Wer vom Ziel nichts weiß, der vom Weg nichts kennt.

Manche Meinungsbildner sagen doch immer, die Musik und gestaltende Kunst sei einfach ein Ausdruck der Zeit? - Ja, sicher, die Zeit ist nicht sauber, auch nicht schön; die Kunst ist auch nicht schön.

Aber es hat auch den 30-jährigen Krieg gegeben. Da war die Zeit bestimmt nicht schön, aber die Musik und Kunst waren schön.

Dazu ein Wort von Richard Eichler, der dieses Thema sehr anschaulich in seinem Buch "Künstler, Könner, Scharlatane"1978 aufgezeigt hat. Wenn wir uns darum wirklich bemühen wollen, dann sollten wir dieses Buch einmal genau anschauen. Auf dem Umschlageinband ist zu lesen:

„Die falsche moderne Kunst ist nicht ein Spiel unter anderen oder gar die gültige Kunstform unserer Zeit, sie ist im Gegenteil eine Absage an die Kunst, ein boshafter Angriff gegen das Schöne und Sinnvolle, geführt mit schein-künstlerischen Mitteln. Eichler bietet in diesem Standardwerk allen Menschen, die noch zweifeln oder nur gefühlsmäßig die Wahrheit ahnen, sachliche Argumente."

Wer sein Buch kennt, kann mitreden.

Und weiter heißt es bei Richard Eichler: „ Wer an der Klassischen Musik und Kunst Freude und Bereicherung geschöpft hat, und dem es trotz allen Bemühens nicht gelingt, aus der Betrachtung mancher moderner Kunstwerke Ähnliches zu gewinnen? Er prüft zunächst sich selbst und stellt fest, dass zu einer Voreingenommenheit kein Anlass besteht. Er ist noch jung genug, um umlernen zu können und auf kein Bekenntnis eingeschworen, das ihm den Blick zu trüben vermöchte. Die Lobredner gewisser Unbegreiflichkeiten weisen immer wieder darauf hin, dass die moderne Kunst Vorläufer in den alten Kulturen besitze. Der lernbegierige Mensch durchschreitet daraufhin gewissenhaft die Kunstgeschichte. Er findet sie voller Kostbarkeiten, aber ohne eine einzige Parallele zu modernistischen Ausschweifungen."

Hierzu auch noch ein Zitat von Wilhelm Heinrich Riehl: "Die Wissenschaft kann reinen Tisch machen, das Leben tut es niemals. Es lässt das Neue aus dem Alten erwachsen. Bis das Alte überwunden ist, beginnt das Neue selbst schon wieder zu veralten, um einem

Neueren ebenso allmählich Platz zu machen um wieder zu den Harmonien zurückzufinden. Das ist das große und notwendige historische Gesetz vom steten Ineinandergreifen der Vergangenheit und der Gegenwart, dem auch der radikalste Neuerer sich beugen muss."
Auch in der Baukunst gibt der Goldene Schnitt den Ton.

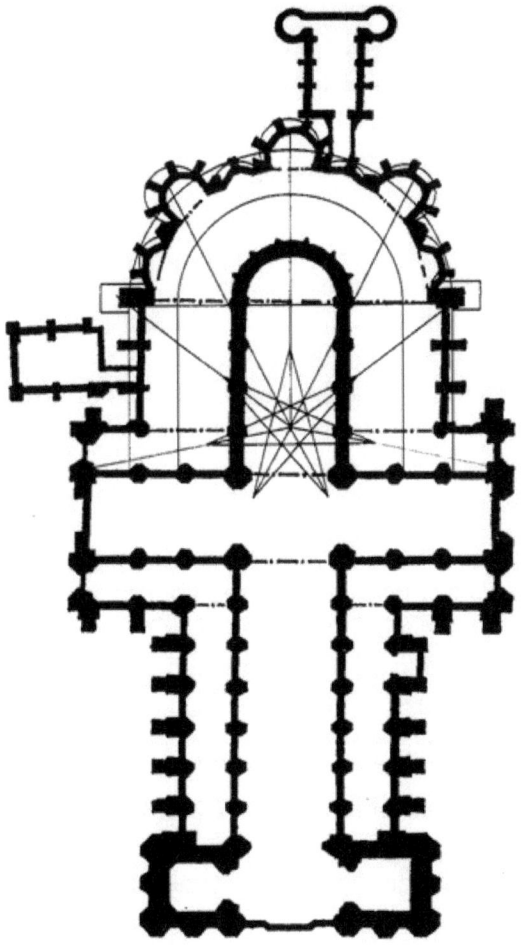

Abb. 23: Der Grundriss der Kathedrale von Chartre 1193-1220 zeigt deutlich die Absicht des Baumeisters, den Siebenstern im Zentrum wirken zu lassen.

Abt Suger schreibt 1157 dazu:

„In der gotischen Baukunst werden die Mauern lichter und leichter, Trennwände fehlen und die in ihnen spielenden Kräfte und Energien werden nach Druck und Schub aufgeteilt, die Druckkurven der Gewölbe von schlanken Strebepfeilern aufgefangen und durch das System der Strebebögen weit über Chorgang und Seitenschiffe hinweggeführt. Vom 12. Jahrhundert an bestimmt der Kranz (Siebenstern) der kühn nach allen Seiten ausstrahlenden Strebebögen den stärksten Eindruck der gotischen Kathedralen."

Im Grundriss vieler gotischer Kathedralen in Frankreich ist der „Siebenstern" tonangebend, wie Louis Charpentier in seinem Buch „Die Geheimnisse der Kathedrale von Chartres" beschreibt.

Die Umerziehungspolitik in den 'Vertraulichen" – Zeitschrift für Politik und Wirtschaft - zeigt deutlich unseren heutigen Weg. In einem Abschnitt ist da zu lesen:

„Im Bereich der offiziellen Kulturpolitik ist alles Erhabene, Erhebende und Schöne außer Kurs. In der bildenden Kunst, auch in der kirchlichen, herrscht abstrakter Konstruktivismus, der bis zu Anomalität und Nihilismus geht. In der Literatur herrscht ein hektisch überdrehter und ideologisch einseitiger Betrieb im Zeichen von Marxismus und Freudeanismus, von Auflösung der alten, traditionsreichen Gesellschaftsordnung bis zur unmittelbaren Staatszerstörung (Die Grünen).

In der Musik gilt offiziell die Atonalität und der Konstruktivismus, in der Unterhaltungsmusik amerikanischer Import, hektisch und ohne jede stimmliche Kultur, im Stil immer eintöniger mit zunehmend afrikanischen Elementen." Gerade in der Kunst ist eigentlich der Höhepunkt unserer Kultur zu finden, und da die nun angegriffen wird und beseitigt wird, sollten wir uns immer noch so gut wie möglich an dem Vorhandenen, Alten, orientieren." Soweit die Zeitschrift „Vertrauliche."

Jedes Mal, wenn ein neues Musikstück von einem anerkannten Komponisten aufgeführt wird oder ein Objekt in einer Galerie ausgestellt ist oder als "Werk" bezeichnet wird, erhält es eine Aura tiefer innerer Bedeutsamkeit, mag auch dem Betrachter noch so oft eingeschärft worden sein, nicht nach der Bedeutung Ausschau zu halten.

So schreibt der Wissenschaftler Douglas Hofstadter:

„Tatsächlich gibt es so etwas wie einen eitlen **Fehlurteilungseffekt**: Je mehr dem Betrachter gesagt wird, diese Objekte ohne Mystifizierung anzuhören oder zu sehen, umso mystifizierter werden sie. Wenn eine hölzerne Kiste auf dem Boden eines Museums liegt, einfach eine hölzerne Kiste, warum nimmt der Hausmeister sie nicht weg und wirft sie auf den Müll? Warum ist der Name des Künstlers daran angebracht? Warum sollte der Künstler die Kunst entmystifizieren? Warum ist der Dreckklumpen draußen vor dem Museum nicht mit dem Namen des Künstlers versehen? Ist das bloßer Schabernack? Bin ich verrückt oder sind es die Künstler? Bin ich zu dumm, den Künstler zu verstehen. Muss ich mich mehr mit der Kunst beschäftigen, um sie verstehen zu können. Mehr und mehr Fragen tauchen im Geist des Betrachters auf, er kann dagegen nichts tun. Das ist der „Rahmeneffekt", den die moderne Musik, die große Kunst, wie auch alltägliche, automatisch herstellt. Wie schon erwähnt, hat der Mensch seit Äonen von Jahren die göttlichen, Harmoniken Gesetze in seiner Seele gespeichert. Wenn nun so etwas Unharmonisches, Atonales wie die Moderne, auf ihn einwirkt kann er es nicht den in ihm vorhandenen Gesetzen zuordnen. Man kann die verwunderten Fragen in den Köpfen der Neugierigen Betrachter unterdrücken aber man müsste die Köpfe und deren Seelen umändern oder neu programmieren damit sie die Moderne wirklich verstehen könnten. Ist das was in Äonen von Jahren gewachsen ist in einer Generation umzuerziehen? Ist es überhaupt möglich es neu zu programmieren, da es doch von Gott stammt, ein Teil seiner Arbeit ist, so wie wir Menschen es ja auch sind. Dann müssten auch die Bahnen der Planeten, die Natur, der Mensch neu gestaltet werden. Daran erkennen wir dass dies ein Irrweg ist, dass die Moderne einen anderen Weg als den Gottesweg, Lebensweg einschlägt. Es ist aber sicher wenn die Moderne sich ausgelebt hat, öd, leer, schal wird nichts Neues mehr bieten kann nicht mehr durch staatliche Gelder finanziert wird da die Kassen bald leer sind, kommt sie von ganz alleine zur Natur, zum Harmonischen und den immerwährenden göttlichen Gesetzen zurück, da die Moderne sonst niemand mehr hören möchte oder anschaut."

Nicolaus Harnoncourt, Cellist und österreichischer Dirigent, schreibt so passend zu unserem Thema: Was wären wir ohne Gottes Liebeshauch?

„Wir Musiker - ja alle Künstler - haben eine machtvolle, heilige Sprache zu verwalten. Wir müssen alles tun, dass sie nicht verlorengeht im Sog der materialistischen Entwicklung. Es ist nicht mehr viel Zeit, wenn es nicht gar schon zu spät ist, denn die Beschränkung auf das Denken und die Sprache der Vernunft, der Logik, und die Faszination durch die damit erzielten Fortschritte in Wissenschaft und Zivilisation entfernen uns immer weiter von unserem eigentlichen Menschentum. Es ist wohl kein Zufall, dass diese Entfernung mit einer Austrocknung des Religiösen Hand in Hand geht: die Technokratie, der Materialismus und das Wohlstandsdenken brauchen keine Religion, kennen keine Religion, ja nicht einmal eine Moral. Die Kunst ist eben keine hübsche Zuwaage - sie ist die Nabelschnur, die uns mit dem Göttlichen verbindet, sie garantiert unser Mensch-Sein; aber nur, solange sie im Zentrum unseres Lebens steht. Es genügt nicht, das Gewissen mit ein paar Gnaden-Subventionen oder ein paar Aufträgen für «Ausgestaltung» zu beruhigen. Wesentlich wäre es, die «Sprache des Herzens», die andere, alogische, phantastische Denkweise, zu pflegen - Kunst wieder ganz zentral in die Erziehungsprogramme, in die Lehrpläne aufzunehmen, wo sie jahrhundertelang ihren Raum innehatte; und nicht sie als erstes zu streichen, wann immer Raum gesucht wird für im Grunde nebensächliche Information. Hier liegt ganz bestimmt eine der wichtigsten Aufgaben der Politiker, aber es ist im Grunde unser aller Verantwortung. Wenn unsere Kinder diese Sprache nicht mehr lernen, geht sie, wohl für immer, verloren - man kann sie dann nicht mehr aktivieren, wenn man zu spät einsieht, dass man leichtfertig, blind, das Beste weggeworfen hat, das uns Menschen geschenkt wurde. Wir entwickeln uns dann wohl rasant zu dem schlimmen, herzlosen Raubtier, das wir ohne Gottes Liebeshauch wären."

Zusammenfassung

Harmonikale Musik hören oder selbst spielen ist ein **Lebenselixier**, ein Ohrenschmaus. Ob Pflanze, Tier oder Mensch brauchen dieses Elixier, um grösser, stärker und **weiser** auf dieser Welt zu werden. Die großen Mathematiker, Physiker und Philosophen unserer Vorzeit wie Phytagoras, Platon, Thales, Fibonacci, Descartes, Kepler, Kayser oder Haase haben die göttlichen Strukturen herausgefunden, den Goldenen Schnitt, die Fibonacci Reihe, die Primzahlen, den quadratura circuli, die Eulersche Zahl e und viele weitere, die unsere Welt zusammenhalten. Die Welt ist Klang. Alle Harmonikalen Musiken sind nach den göttlichen Gesetzen aufgebaut. Seit Äonen von Jahren haben wir diese Gesetze in uns, über uns, neben uns eingesogen, programmiert und gespeichert. Musikalische und mathematische Beispiele zeigen ganz deutlich, wie Leben und göttliche Harmonie zusammenhängen. Jeder, der sein Unterscheidungsvermögen, sein Abschätzen, sein Abwägen geschult und geübt hat, merkt sofort, wem ein Göttliches innewohnt und wo es künstlich, abstrakt, verführerisch oder teuflisch wird.

Darum ist es eine Lebensaufgabe, die Harmonien der Musik und Mathematik zu studieren, zu praktizieren, um ein waches, erstrebenswertes und **erfülltes Dasein** zu fristen und **Mutter Erde** nicht auszubeuten und zu zerstören, sondern in jeder Hinsicht zu **schützen** und zu fördern.

Anhang

Weihnachtslieder

Alle Jahre wieder kommt das Christuskind

Am Weihnachtsbaum die Lichter brennen

Auf dem Berge da geht der Wind

Der Christbaum ist der schönste Baum

Es ist ein Ros entsprungen

Es ist für uns eine Zeit angekommen

Es kommt ein Schiff geladen

Gelobet seist Du Jesu Christ

Ich bin der kleine Weihnachtsmann

Ihr Kinderlein kommet

In dulci jubilo

Joseph lieber Joseph mein

Kling Glöckchen kling

Kommet Ihr Hirten

Lasst uns froh und munter sein

Leise rieselt der Schnee

Lobt Gott Ihr Christen alle gleich

Macht hoch die Tür

Maria Durch Ein Dorn Wald ging

Morgen Kinder wird's was geben

Morgen kommt der Weihnachtsmann

O Du Fröhliche

O Heiland reiss die Himmel auf

O Tannenbaum

Stille Nacht Heilige Nacht

Süßer die Glocken nie klingen

Vom Himmel hoch da komm ich her

Vom Himmel hoch o Englein kommt

Zusammengestellt für die Kinder

Ratingen den 10.09.1983

Volkslieder

Das Schwarzbraune Bier

Ade zur guten Nacht

Alle Vögel sind schon da

Als wir jüngst in Regensburg

Am Brunnen vor dem Tore

Auf der Lüneburger Heide

Auf einem Baum ein Kuckuck saß

Auf du junger Wandersmann

Bonanox bist a rechter

Bruder Jacob

Bunt sind schon die Wälder

Burschen hera e Bier

Das Wandern ist des Müllers Lust
Deutschland, Deutschland
Der Kuckuck und der Esel
Der Mai ist gekommen
Der Mond ist aufgegangen
Der Winter ist vergangen
Die Gedanken sind frei
Die helle Sonn leucht jetzt
Dort Saleck hier die Rbg.
Ein Heller und ein Batzen
Ein Jäger aus Kurpfalz
Ein Jäger längs dem Weiher ging
Ein Männlein steht im Walde
Ein Vogel wollte Hochzeit
Es blies ein Jäger wohl in
Es es es und es, es ist
Es ist ein Schnitter heißt der Tod
Es klappert die Mühle am rauschenden Bach
Es tanzt ein Biba-Butzemann
Es waren zwei Königskinder
Flamme empor
Fuchs du hast die Gans gestohlen
Gold und Silber lieb ich sehr

Guten Abend gute Nacht

Hab mein Wage voll gelade

Herner Katreinerle

Hejo, spann den Wagen an

Hier sind wir versammelt

Hopp, hopp Pferdchen lauf Galopp

Horch was kommt von draußen rein

Ich weiß nicht was soll es bedeuten

Ich heff mal en Hamborger Fermster

Im Früh tau zu Berge wir ziehen

Im Märzen der Bauer die Rösslein anspannt

Im Krug zum grünen Kranze

Im schwarzen Walfisch zu Ascalon

Im Wald und auf der Heide

In dulci Jubilo

Jetzt fahrn wir übern See

Jetzt fängt das schöne Frühjahr an

Keinen Tropfen im Becher mehr

Kein Feuer, keine Kohle

Kein schöner Land in dieser Zeit

Komm lieber Mai und mache

Kuckuck, Kuckuck rufst aus dem Wald

Lasst nur der Jugend ihren Lauf

Lobe den Herrn
Lustig ist das Zigeunerleben
Mein Hut hat drei Ecken
Muss i denn zum Städle hinaus
Nun Ade du mein lieb Heimatland
Nun will der Lenz uns grüßen
O du lieber Augustin
O alte Burschenherrlichkeit
Sah ein Knab ein Röslein stehn
Schwarzbraun ist die Haselnuss
Summ Summ Summ Bienchen summ herum
Trarira der Sommer der ist da
Trara das tönt wie Jagdgesang
Und in dem Schneegebirge
Und wenn sich der Schwarm verlaufen hat
Wem Gott will rechte Gunst erweisen
Wenn alle Brünnlein fließen
Wenn die bunten Fahnen wehen
Weißt du wie viel Sternlein stehn
Wer recht in Freuden wandern
Wer nur den lieben Gott lässt walten
Winter ade, scheiden tut weh
Wohl auf die Luft geht

Wohl auf in Gottes schöne Welt
Wohl auf Kameraden, aufs Pferd
Wütend wälzt sich einst im Bette
Zeigt her eure Füße zeigt her eure Schuh

Ratingen im Februar 1982

Studentenlieder

Ade nun zur guten Nacht
Als die Römer frech geworden
Burschen heraus, lasst es schallen
Das Bonn Lied
Das Lied der Deutschen
Das Lied der Pfalz, Hoch bei Kaub
Das Schwarz braune Bier, Dudeldei
Die Gedanken sind frei
Die Internationale
Die Ritter von der Gemütlichkeit, und wenn der Schwarm
Ein Heller und ein Batzen
Ein Jäger aus Kurpfalz
Freude schöner Götterfunken
Gaudeamus igitur, De brevitate
Gold und Silber lieb ich sehr
Hier sind wir versammelt zu löblichen Tun
Horch was kommt von draußen rein

Im Krug zum grünen Kranze
Im Wald und auf der Heide
Im schwarzen Walfisch zu Ascalon
Fein Feuer keine Kohle
Keinen Tropfen im Becher mehr
Krambambuli das ist
Kurfürst Friedrich, wütend wälzt
Mit dem Pfeil dem Bogen
Muss i denn, Muss i denn
O alte Burschenherrlichkeit
O wie wohl ist mir am Abend
Palatia, dir gehör ich
Prinz Eugenius der edle Ritter
Rheinlied, strömt herbei
So pünktlich zur Sekunde
Student sein, wenn die Veilchen
Was kommt dort von der Höhe, Fuchsritt
Wem Gott will rechte Gunst erweisen
Wohl auf die Luft geht frisch und rein
Wohl auf Kameraden, aufs Pferd, Reiterlied

Kinderlieder

Horch, was kommt von draußen - Volksdichtung

Ade nun zur guten Nacht - Volksdichtung

Es klappert die Mühle am rauschenden Bach - Ernst Anschütz

Schlaf, Kindlein, schläft - Volksdichtung

Der Mond ist aufgegangen - Matthias Claudius

Guten Abend, gute Nacht - Johannes Brahms, Georg Scherer

Weißt du wie viel Sternlein stehen - Wilhelm Hey

Der Mai ist gekommen - Volksdichtung

Alle Vögel sind schon da - Hoffmann von Fallersleben

Kuckuck, Kuckuck ruft aus dem Wald - Hoffmann von Fallersleben

Bunt sind schon die Wälder - G. von Salis

O du lieber Augustin - Volksdichtung

Jetzt fahrn wir übern See - Volksdichtung aus Böhmen

Ringel, Ringel, Reihe - Volksdichtung

Heißa, Kathreinerle - Volksdichtung aus dem Elsass

Zeigt her eure Füßchen - Volksdichtung

Fuchs du hast die Ganz gestohlen - Ernst Anschütz

Ein Vogel wollte Hochzeit machen - Volksdichtung

Back, backe Kuchen - Volksdichtung

Morgens früh um sechs - Volksdichtung

Alle meine Entchen - Volksdichtung

Widdiwenne - Volksdichtung

ABC, die Katze läuft im Schnee - Volksdichtung aus Sachsen

Hänschen klein ging allein - Volksdichtung

Ein Männlein steht im Walde - Hoffman von Fallersleben

Laterne, Laterne - Volksdichtung

Der Kuckuck und der Esel - Hoffmann von Fallersleben

Summ, summ, summ, Bienchen, summ herum - Hoffmann von Fallersleben

Häslein in der Grube - Volksdichtung

Maikäfer flieg - Volksdichtung

Hopp, hopp, hopp Pferdchen lauf Galopp - Karl Hahn

Das Wandern ist des Müllers Lust - Wilhelm Müller

Lustig ist das Zigeunerleben - Volksdichtung

Wem Gott will rechte Gunst erweisen - Joseph von Eichendorf

Trara das tönt wie Jagdgesang - Volksdichtung Kanon

Große Uhren gehen: tick tak - Karl Karow

O wie wohl ist mir am Abend - Volksdichtung

Bruder Jakob - Volksdichtung Kanon aus Frankreich

Gretel Pastetel - Volksdichtung Kanon

Für die Enkel

Ratingen den 20.10.2008

Datenbank von Musikbeispielen

Nachfolgend die nach harmonischen, starken Themen und Melodien ausgesuchten ca. 500 Musikbeispiele, die hervorragend den oben beschriebenen göttlichen, volltönenden Gesetzen folgend, komponiert sind.

Ort	Komponist	gelebt von/bis	Stück	Dur/Moll	Verz.	Bem.
2	Albinoni, Tomaso	1671-1750	Konzert/Sinfonie/Trompete Oboe	-	-	
CD-Li			Trompetenkonzert Adagio in D-Moll	D-Dur	Op. 2 Nr. 6	
69			Sonata für Streicher	C-Moll	Op. 2 Nr. 4	
95			Konzert für Violine	G-Dur	Op.10 Nr. 4	BS
100			Konzert Oboe	C-Dur		
43	Albrechtsberger, Johann Georg	1736-1809	Quartett Fuge	C-Dur		
CD-Li			Konzert	B-Dur		
101	Abel, Karl Friedrich		Sinfonie	S-Dur	Op. 8 Nr. 6	

Ort	Komponist	gelebt von/bis	Stück	Dur/Moll	Verz.	Bem.
6, 83	Bach, Johann Sebastian	1685-1750	Konzert für Violine	A-Moll	Nr. 1	BWV
			"	E-Dur	Nr. 2	
			" und Oboe	D-Moll		1063
6			" Cembalo	C-Moll		
6			" Trompete	D-Moll		
2			Brandenburgische 1 bis 6			
103			Sinfonie Flöte aus Kantate 209 Monza quese	M-Moll		209, BWV
37			Sinfonie aus Kantate Wir danken Dir Gott			29
3			Kantate, Choral			140
			Trio Sonate	D-Moll	Nr. 3	527
				G-Dur	Nr. 6	530
11			Pli Toccata und Fuge	D-Moll		565
			Fantasie	G-Dur		572
			Pastorale	F-Dur		590
46			Sonate	G-Moll		1029
11, 64			Ouvertüre	D-Dur	Nr. 3	1068

Ort	Komponist	gelebt von/bis	Stück	Dur/Moll	Verz.	Bem.
3	Bach, Johann Sebastian		Menuett aus Suite		Nr. 2	
4			Arie die Post			
7			Fantasie und Fuge	C-Moll		
			Präludium und Fuge	A-Moll		
85			" für Cembalo	D-Moll		
60			Sonate für Flöte	E-Moll		
104			Konzert für Cembalo und Orchester	C-Dur		
CD-Li			Orgel			BWV
"			Wachet auf ruft uns d. Stirn			645
"			Präludium und Fuge	A-Moll		543
"			O Mensch bewein Dein Sünd			622
"			Fantasie und Fuge	G-Moll		542
"			Schmück Dich o liebe Seele			654
"			Passacaglia	C-Moll		582

Ort	Komponist	gelebt von/bis	Stück	Dur/Moll	Verz.	Bem.
"	Bach, Johann Sebastian		Sonate I	E-Dur		525
"			Sonate II	C-Moll		526
"			Sonate III	D-Moll		527
"			Sonate IV	E-Moll		528
"			Sonate V	C-Dur		529
"			Sonate VI	G-Dur		530
CD-H			Orgel Präludium			552
"			542, 645, 639, 565, 549, 654, 529, 593, 653, 546			
"			Toccata und Fuge	D-Moll		565
			"	C-Dur		564
			"	F-Dur		540, 538
89	Bach, Carl Philip Emanuel	1714-1788	Sinfonie Bach Werke V.	S-Dur	Nr. 2	
33			Sinfonie	F-Dur	Nr. 3	BS
37				D-Dur		
48				E-Moll		
89				D-Dur		1008/131

Ort	Komponist	gelebt von/bis	Stück	Dur/Moll	Verz.	Bem.
93	Bach, Carl Philip Emanuel		Concerto für Oboe	S-Dur		
80			Trio für Laute	H-Moll		
			Traverso Violine			
			Wortkann Verzeichnis			143
98			Konzert	F-Dur		
	Bach, Johann Christoph Friedrich	1732-1795	Sinfonie	F-Dur	Op. 3 Nr. 5	
	Bruder von Johann Christian					

Ort	Komponist	gelebt von/bis	Stück	Dur/Moll	Verz.	Bem.
91	Bach, Johann Christian	1735-1782	Konzert	F-Dur	Op. 13 Nr. 3	
30			Konzert für Klavier und Streichorchester	S-Dur	Op.7	
42			Sinfonie	G-Moll	Op.6 Nr. 6	
34			Sinfonie	S-Dur	Op. 18 Nr. 1	
36				B-Dur	Op. 18 Nr. 2	
69				D-Dur	Op. 18 Nr. 4	
97				A-Dur	Op. 18 Nr. 6	
104				S-Dur	Op. 3 Nr. 3	
85			Sinfonietta	C-Dur		
54, 68			Sonate	D-Dur	Op. 5 Nr. 2	
51			Präludium und Fuge für Cembalo	C-Moll		
69	Bach, Johann Christian		Ouvertüre zur Oper			
			La clemenza die Sipione			
CD-Li	Bach, Wilhelm Friedemann	1710-1784	Sinfonie	F-Dur		Falk BV 67

Ort	Komponist	gelebt von/bis	Stück	Dur / Moll	Verz.	Bem.
CD-Li	Barbirolli, John	1899-1970	Konzert nach Pargolesi	C-Moll		
9	Beethoven, Ludwig van	1770-1827	Sinfonie	C-Dur	Op.21 Nr. 1	
			Eroico	Es Dur	Op. 55 Nr.3	
4				C-Moll	Nr. 5	
6, Pl					Nr. 7	
			Klavierkonzert	C-Dur	Op. 15 Nr. 1	
20			"	B-Dur	Op. 19 Nr. 2	
11			"	C-Moll	Nr. 3	
8			"	G-Dur	Nr. 4, Nr. 5	
			Quartett	D-Dur	Op.18, Nr. 3	
			"	C-Moll	Op.18, Nr. 4	
102			Klavier Frühlings Sonate	F-Dur	Op. 27	
			"	Es Dur	Op. 12 Nr. 3	
102			Klavier Frühlings Sonate	A-Moll	Op. 23, Nr. 4	
8, Pl			Patetique	C-Moll	Op. 13 Nr. 8	
			Mondscheinsonate	Cis Moll	Op. 27 Nr.2	

Ort	Komponist	gelebt von/bis	Stück	Dur/Moll	Verz.	Bem.
22	Beethoven, Ludwig van		Mondscheinsonate	Es Dur	Op. 21 Nr.3	
22			Appassionata		Op. 57, Nr. 23	
88, Pl			Konzert für Violine	D-Dur	Op. 61	BS
94			Rondo für Klavier und Orchester	B-Dur		
82	Barsandini, Francesco		Sonate für Flöte	G-Moll		
5	Bartok, Bela	1881-1945	Rumänische Tänze			
103	Bassanti, Francesko		Concetto Grosso	D-Dur	Op.3, Nr. 10	
89	Bellini, Vincenzo	1801-1835	Konzert Streicher Oboe	S-Dur		
CD-Li			Oboen Konzert	E-Dur		

Ort	Komponist	gelebt von/bis	Stück	Dur/Moll	Verz.	Bem.
30	Biber, Heinrich Ignatz Franz	1644-1704	Sonata für Violine und basso continue	F-Dur	Nr. 3	
82	Bizet, George		Larisienne Suite aus Musika zum Schauspiel von Lenfens Dodet		Nr. 1	
48	Boccherini, Luigi	1743-1805	Cello Konzert	D-Dur	Op. 34	
			Sonate	E-Moll	Op.50 Nr.3	
			Konzert	C-Dur	Nr.4	
50			Konzert für Flöte und kleines Streichorchester			
			weiter Cellokonzert	B-Dur		
71	Boely, Jean Francois	1739-1814	Konzert für Harfe	C-Dur		
42	Bononcini, Giovanni Battista	1670-1747	Sinfonie für 2 Trompeten mit Moris Andree		Op. 3a	
B15	Bonpart		Rezitativ	F-Dur		

Ort	Komponist	gelebt von/bis	Stück	Dur/Moll	Verz.	Bem.
92	Boyce, William	1711-1779	Sinfonie	C-Dur	Nr. 3	
68			Sinfonie	F-Dur	Nr. 6	
			weiter Sonate	D-Moll	Nr. 7	
B5	Brahms, Johannes	1833-1897	Ungarische Tänze 1-7			
B 13			Konzert Violine u. Orchester	D-Dur		
B 17	Bruch, Max	1838-1920	Violinkonzert			
B 19			Konzert für Violine und Orchester	G Moll	Op. 26 Nr.1	
104			Romanze		Op. 42	
CD-Li	Buxtehude, Dietrich	1637-1707	Orgel Präludium	G-Moll		
			Bux 149, 223, 146, 197, 139, 211, 137, 183, 140, 199, 142, 178			
			Bux 145, 153, 174, 161, 160, 154, 171, 203, 182, 155, 218, 156, 207			
104	Cannabich, Christian II/304		Sinfonia Concertante für Flöte	C-Dur		

Ort	Komponist	gelebt von/bis	Stück	Dur/Moll	Verz.	Bem.
82	Chavriet, Emanuel		Havanera			
38	Cherubini, Luigi	1760-1842	Sinfonie	D-Dur		
	Chopin, Frederic	1810-1849	Klavierkonzert	E-Moll	Op. 11, Nr. 1	
			Polonaise	Cis-Moll	Op. 261, Nr. 1	
32/71	Cimarosa, Domenico	1749-1801	Sinfonie für Flöte	G-Dur		
CD-Li			Oboen Konzert	C-Dur		
82	Clementi, Muzio		Sinfonie	B-Dur	Op. 18	
84	Couperin, Amanliu		Suite aus dem 1. Buch de piece ceapsaint	B-Dur		
				B-Moll		
67	Couperin, Francois	1668-1733	Imperiale für 2 Violinen			

Ort	Komponist	gelebt von/bis	Stück	Dur/Moll	Verz.	Bem.
88	Corelli, Arcangelo	1653-1713	Concerto Grosso	D-Dur	Op.6, Nr.1	
52			Concerto Grosso	B-Dur	Op. 6, Nr. 1	
25/99			Concerto Grosso, Weihnachtskonzet	G-Moll	Op. 6, Nr.8	
35/44			Concerto Grosso	S-Dur	Op. 6, Nr. 12	
31/56			Sarabande für Streichorchester			
62			Concerto Grosso	F-Dur	Op.6, Nr. 6	
63			Trio Sonate	F-Dur	Op.2, Nr. 7	
65			Concerto Grosso	F-Dur	Nr.12	
86			Concert	D-Dur	Op.6, Nr.4	
91			Concerto Grosso	B-Dur	Op. 6, Nr.11	
CD-Li			Concerto	F-Moll	Nr. 8	
			Opernkonzert	A-Dur		
71	Crussel, Bernhard Henrik	1775-1838	Sinfonia Concertante für Klarinette	B-Dur	Op. 3	
B 10	Csermack, Antal Gyorgy	1774-1822	Streichquartett			

Ort	Komponist	gelebt von/bis	Stück	Dur/Moll	Verz.	Bem.
B7	Dall Abaco, Evaristo Felice	1675-1742	Konzert	E-Dur	Op.6 Nr. 2	
B13			Konzert	H-Moll	Op.2 Nr. 8	
58			Konzert	F-Dur	Op. 6 Nr. 6	
60			Konzert	F-Dur	Op. 6 Nr. 3	
81/2			Konzert	E-Dur	Op. 6 Nr. 2	
103			Konzert Streicher	H-Moll	Op.2 Nr. 8	
37	Danzi, Franz	1763-1826	Flötenkonzert	G-Dur	Op. 30 Nr. 1	
55			Quartett für Flöte	D-Dur		
68			Konzert	D-Moll	Nr. 2	
72			Sinfonie	G-Dur		
63	Dittersdorf, Karl Ditters von	1739-1799	Ouvertüre zu Lester Ossia			
31	Donizetti, Gaetano	1797-1848	Sinfonie	D-Moll		
89			Quartett	D-Dur		

Ort	Komponist	gelebt von/bis	Stück	Dur/Moll	Verz.	Bem.
39/56	Dusek, Frantisektauer	1731-1799	Schüler von Wagenseil und Mozart, Sinfonie	S-Dur		BS
B16	Dvorak, Antonin	1841-1904	Slavische Rhapsodie			
66			Rhapsodie	A-Moll	Op. 14	
66	Endler, Johann Samuel	1700-1762	Ouvertüre	D-Dur	Nr. 7	
42	Fasch, Johann Friedrich	1688-1758	Konzert für Oboe und Streicher	G-Dur		
95			Konzert für Flöte	G-Dur		
90			Sonate, 2 Violinen	D-Moll		
100			Trompetenkonzert	D-Dur		
CD-Li			Konzert für Oboe und Streicher	D-Moll		
CD-Li	Fiorillo, Federigo	1755-1823	Sinfonia Concertante	F-Dur		
66	Frank, Caspar		Konzert	H-Moll	Op. 11, Nr. 2	

Ort	Komponist	gelebt von/bis	Stück	Dur/Moll	Verz.	Bem.
B28	Friedrich der Große	1712-1786	Flötenkonzert	C-Dur		
98			Sinfonie	G-Dur	Nr. 1	
67	Froberger, Johann Jacob	1616-1667	Suite für Cembalo	A-Dur	Nr. 15	
			weitere Capriccio		Nr. 13	
			Fantasia		Nr. 17	
			Toccata		Nr. 2	
			Concert		Nr. 11	
			Ricercare		Nr. 11	
105	Gassmann, Florian		Quartett	D-Moll	Nr. 3	
90/B15	Geminiani, Francesco	1680-1762	Concerto Grosso Violine	G-Moll	Nr. 12	BS
71				A-Dur	Nr. 9	
			nach Corellis la folie 3/4		Op. 5	
56	Golabeck, Jacob		Sinfonie	C-Dur		

Ort	Komponist	gelebt von/bis	Stück	Dur/Moll	Verz.	Bem.
93	Graun, Michael Gottlieb		Ouvertüre	D-Moll		
101	Graun, Johann Gottlieb		Konzert für Violine	C-Moll		
31/45	Gretriy, Andre Ernest Modest	1741-1813	Sinfonie	G-Dur	Op. 3 Nr. 1	
45/31			Sinfonie	G-Dur	Op. 3	BS
B14	Gyrwetz		Symphonie	Es Dur	Op. 8	
102	Händel, Georg Friedrich	1685-1759	Wassermusik Suite Feuerwerksmusik	G-Dur	Nr. 3	
7,82			Ouvertüre zu Ottone			
74			Ouvertüre zu Alexanderfest			
40			Orgelkonzert	G-Moll	Op. 4 Nr. 4	
3			Orgelkonzert	G-Moll	Op. 4 Nr. 9,10,11,12	
91			Konzert Orgel und Trompete	D-Dur		
3			Hornkonzert			

Ort	Komponist	gelebt von/bis	Stück	Dur/Moll	Verz.	Bem.
28, 33	Händel, Georg Friedrich		Oboen Konzert	B-Dur	Nr. 1	
			Oboen Konzert	B-Dur	Nr. 2	
			Oboen Konzert	G-Moll	Nr. 3	
82			Konzert	F-Dur	Op. 6, Nr. 9	
97			Doppelkonzert für Horn	F-Dur	Nr. 3	
81,52			Concerto Grosso Flöte	B-Dur	Op. 3 Nr. 1	
15,44				B-Dur	Op. 3, Nr.2	
59,64				B-Dur	Op. 3, Nr.2	
88				F-Dur	Op. 3, Nr. 4	
45				D-Moll	Op. 3, Nr. 5	
87				D-Dur	Op. 3 Nr. 6	
63				E-Moll	Op. 6, Nr. 3	
33				G-Moll	Op. 6, Nr. 6	
34					Op. 6, Nr. 10	
77				A-Dur	Op. 6, Nr. 11	
80			Horn	S-Dur		
CD-Li			Concerti Grossi		Op.6, Nr. 1 und 2	

Ort	Komponist	gelebt von/bis	Stück	Dur/Moll	Verz.	Bem.
			Feuerwerksmusik			
			Concerti Grossi		Op.6, Nr. 3,9,10,11,12	
			Larghetto from serse Trompetenkonzert	B-Dur		
			Larghetto from serse Trompetenkonzert	D-Dur		
69	Haydn, Joseph			B-Dur		
PL,23,3			für Trompete	S-Dur		
73			für Flöte	F-Dur		
?			Streichquartette Lerchen Quartett	D-Dur	Op. 64, Nr.5	
16			Reiterquartett	G-Moll	Op.74, Nr. 3	
CD-Li			Konzert	D-Dur		
PL			Divertimenti für Flöte und Streicher			
16,55			Für Cembalo und Violine	F-Dur		
70			für Horn	D-Dur		
37			Eine Macht eine Dienerin Maria			
87			Berenitsche kefay Cantate			
CD-Li			Hornkonzert	D-Dur	Nr. 1	

Ort	Komponist	gelebt von/bis	Stück	Dur/Moll	Verz.	Bem.
	Haydn, Joseph		Symphonie	G-Dur	Nr. 94	
				D-Dur	Nr. 104	
			Hornkonzert	E-Dur		
B3	Hamal, Henri	1744-1820	Largoaus Konzert	D-Dur		
	Hasse, Johann Adolf	1699-1783	Orgelkonzert, Concerto	F-Dur	Nr. 1, 5	
				G-Dur	Nr. 3	
6	Helmich, Johann Christian	1694-1758				
70			Roman Orchester Suite aus Drating Helms Musiquen			
B3	Hertel, J.W.	1727-1789	Konzert Larghetto	Es Dur		
82	Haydn, Joseph	1732-1809	Sinfonien	F-Dur	Nr. 5	Prager Verz.
46/88			le Matin	D-Dur	Nr.6	

Ort	Komponist	gelebt von/bis	Stück	Dur/Moll	Verz.	Bem.
57	Haydn, Joseph		le midi	C-Dur	Nr.7	
16					Nr. 8	
10			La Passion	Es-Dur	Nr.9	
53				B-Dur	Nr.35	
60				C-Dur	Nr.38	
40/74				S-Dur	Nr.43	
86				F-Moll	Nr.49	
15				G-Dur	Nr.88	
16			Imperiale	D-Dur	Nr.53	
84				D-Dur	Nr.57	
65				D-Dur	Nr.61	
47				F-Dur	Nr.67	
50				B-Dur	Nr.68	
33					Nr.84	
65				B-Dur	Nr.85	
7,32				D-Dur		
15				G-Dur	Nr. 89	

Ort	Komponist	gelebt von/bis	Stück	Dur/Moll	Verz.	Bem.
95, B8	Haydn, Joseph		mit Paukenschlag	B-Dur	Nr. 98	
62			Paukenwirbel	S-Dur	Nr.103	
Pl			Die Uhr	D-Dur	Nr. 101	
Pl			London	D-Dur	Nr. 104	
Pl				B-Dur	Op.84	
1			Schulmeister	S-Dur		
105			Sonate für Klavier	G-Dur		RBV IV/6
102			Trio für Flöte	G-Dur		RBV 47
72			Trio für Flöte	D-Dur	4 Nr.11	DBV
96			Adagio Klavier	F-Dur	17 Nr. 9	
Pl, 70			Konzerte für Cello	D-Dur	Op.101, Nr. 1	
45			für Cello	C-Dur	Nr.7	B1
34			für Violine	G-Dur		
61			für Violine	C-Dur		
56			für Cembalo	D-Dur		BS
56			für Oboe	C-Dur		

Ort	Komponist	gelebt von/bis	Stück	Dur/Moll	Verz.	Bem.
81	Haydn, Michael	1737-1806	Sinfonien	A-Dur		PVZ 33
53/93				D-Dur		PVZ 42, BS
77				D-Dur		52
78				G-Dur		
53			ach Konzert von J.Ch. Bach	G-Dur		
81			Konzert für Violine	B-Dur		
3			Konzert Allegro	D-Dur		
54	Hoffmeister, Franz Anton	1754-1812	Musikalienhändler, seichte, leichte Musik, Quartett für Flöte	A-Dur		
B3	Hummel, Johann Nepomuk	1778-1837	Konzert nur Andante	Es-Dur		
B23 S			Konzert für Trompete und Orchester, C.D. Reinhart Trompete	Es-Dur		
			Münchner Philharmonie			
38			Konzert für Fagott und Orchester			
48			Konzert für Mandoline	B-Dur		
CD-Li			Trompetenkonzert	E-Dur		

Ort	Komponist	gelebt von/bis	Stück	Dur/Moll	Verz.	Bem.
52	Kiel, Friedrich August	1821-1885	Konzert für Flöte	G-Dur		
52/81	Kramar, Frantisek Vincence	1759-1831	Sinfonia	D-Dur		
64	Kraus, Joseph Martin	1756-1792	Sinfonie	D-Dur		
80			Sinfonie	C-Moll		
			weitere Violin Konzert	C-Dur		
37	Krebs, Johann Ludwig	1713-1780	Gitarrenkonzert	G-Dur		
82	(Schüler von J.S. Bach)		Sonate für Flöte	G-Dur		
B10	Leclair, Jean Marie	1697-1764	Konzert	G-Moll		
B28			Konzert für Oboe und Streicher	C-Dur	Op. 7.3	
31			Konzert für Violine und Orchester	D-Moll		
37/28			Konzert Violine	C-Dur	Op. 73	BS
87			Konzert	C-Dur	Op. 3	

Ort	Komponist	gelebt von/bis	Stück	Dur/Moll	Verz.	Bem.
	Liszt, Franz v.	1811-1886	Ungarische Rhapsodie 2,5,6,12,15			
			Ungarische Rhapsodie 1,2,3 und 6			
78	Locatelli, Pietro - Antonio	1695-1764	Introduktion Theatrale	D-Dur	Op. 4, Nr.1	
15			Concerto Grosso für 4 Violinen	F-Dur	Op. 7, Nr.12	
85			Concerto Grosso	C-Moll	Op. 1, Nr. 11	
96			Concerto Grosso	G-Moll	Op.1, Nr. 12	
CD-Li			Concerto Grosso		Op.3, Nr. 2	
46	Loeillet, Jean-Babtiste	1680-1730	Sonate	G-Dur		
47			Ouvertüre und Suite, Comedy			
			Ballais de Burguis Gentillhorn			
B28	Marcello, Alessandro		Konzert für Oboe und Streicher	D-Moll		
CD-Li	Marcello, Benedetto	1686-1739	Oboen Konzert	D-Moll		
			Sonate		Op.2, Nr. 11	

Ort	Komponist	gelebt von/bis	Stück	Dur/Moll	Verz.	Bem.
						Köchelverz.
105	Mozart, Wolfgang Amadeus	1756-1791	Sinfonie	B-Dur	Nr. 5	K.V. 22
68			Konzert	G-Dur	Nr. 4	41
66,44			Sinfonie	F-Dur		43
54				C-Dur		73
74				G-Dur		74
73				F-Dur		75
43				G-Dur		81
62				G-Dur		110
			Sinfonie	F-Dur	Nr. 13	112
52			Konzert	A-Dur	Nr. 14	114
36			Sinfonie	B-Dur	BS	119
58			Divertimento	F-Dur	Nr. 3	138
92			Konzert	D-Dur		175
87			Sinfonie	A-Dur		201
72			Violinkonzert		Nr. 1	207
					Nr. 2	211
				G-Dur	Nr. 3	216

Ort	Komponist	gelebt von/bis	Stück	Dur/Moll	Verz.	Bem.
	Mozart, Wolfgang Amadeus		Violinkonzert	D-Dur	Nr. 4	218
				A-Dur	Nr. 5	219
6			Konzert Lützow	C-Dur		246
85			Divertimento	F-Dur		247
			Haffner Serenade	Es Dur		250
			Kontratanz			101,267
			Klavierkonzert	Es Dur		271
36			Flötenkonzert	C-Dur		299
70			Sonate für Klavier	G-Dur		301
10			Flötenkonzert	G-Dur	1	313
				D-Dur	2	314
34			Konzert Rondo	D-Dur		328
			Klaviersonate	A-Dur		331
77			Divertimento Salzburger Sinfonie 2	B-Dur		337
37			Märsche	D-Dur		335
21			Konzertante Sinfonie Oboe Violine			364
65			Konzert für Horn	S-Dur		371
62			Rondo	C-Dur		373

Ort	Komponist	gelebt von/bis	Stück	Dur/Moll	Verz.	Bem.
91	Mozart, Wolfgang Amadeus		Sonate für Klavier und Flöte	B-Dur		378
			Sinfonie Haffner	D-Dur	Nr. 35	385
86			Konzert Rondo			386
92			Fantasie für Klavier	D-Moll		399
39,64			Sinfonie	C-Dur	Nr. 36	425
59				C-Dur	Nr. 36	426
1			Messe	C-Moll		427
			Streichquartett, Jagdquartett	B-Dur		458
31			Klavierkonzert	D-Dur		459
			Klavierkonzert	D-Moll		466
			Klavierkonzert	A-Dur		488
25,78			Klavierkonzert	C-Dur	Nr. 25	503
11			Sinfonie Prager S	D-Dur		504
14			Eine kleine Nachtmusik	G-Dur		525
63			Sechs deutsche Tänze			536
6			Krönungskonzert	D-Dur		537
12			Sinfonie Jupiter	C-Dur	Nr. 41	551
25,86			Klavierkonzert	B-Dur	Nr. 27	595

Ort	Komponist	gelebt von/bis	Stück	Dur/Moll	Verz.	Bem.
69	Mozart, Wolfgang Amadeus		Konzert für Klarinette	A-Dur		622
16			Linzer Sinfonie			
16			Hornkonzert	S-Dur		
35			Ouvertüre und Ballett zur Oper Idomeo			
53			Sinfonie	D-Dur		
59			Sinfonie Neue Lambacher	G-Dur		
CD-H			Hornkonzert	Es Dur	Nr. 3	447
			Hornkonzert	D-Dur	Nr. 1	412
			Oboen Konzert	C-Dur		314
			Sonate	A-Moll		310
			Sonate	A-Dur		331
			Sonate	C-Dur		545
			Sonate	D-Dur		576
			Menuett	D-Dur		355
			Ouvertüre Figaros Hochzeit			492
			Klaviersonate	C-Dur	Nr. 15	C 545
			Serenade	G-Dur	Nr. 13	K 525
			Serenade Nottur	D-Dur		D 239

Ort	Komponist	gelebt von/bis	Stück	Dur/Moll	Verz.	Bem.
	Mozart, Wolfgang Amadeus		Klaviersonate	G-Dur	Nr. 5	G 283
			Klavierkonzert	D-Dur	Nr. 26	D 537
			Klarinettenquintett	A-Dur		A 581
			Hornkonzert	Es Dur	Nr. 4	E 495
			Klavierkonzert	C-Moll	Nr. 24	K 491
			Klavierkonzert	E-Dur	Nr. 9	K 271
			Klavierkonzert	G-Dur	Nr. 17	453
			Orchesterkonzert	D-Dur		191
			Konzertante Sinfonie	E-Dur		297 b
			Konzert	E-Dur	Nr. 21	467
			Lodron Nachtmusik		Nr. 1	247
CD-Li			Symphonie Prager		Nr. 38, 40	
			Prager	D-Dur		504
				G-Moll	Nr. 40	550
			Symphonie	G-Moll	Nr. 25	183
			Konzert für Fagott	B-Dur		191
			Konzert für Violine	D-Dur	Nr. 4	218
			Symphonie Haffner	D-Dur	Nr. 35	385

Ort	Komponist	gelebt von/bis	Stück	Dur/Moll	Verz.	Bem.
	Mozart, Wolfgang Amadeus		Linz	C-Dur	Nr. 36	425
			Prager	D-Dur	Nr. 38	504
				E-Dur	Nr. 39	543
				G-Moll	Nr. 40	550
			Jupiter	C-Dur	Nr. 41	551
			Oboen Konzert	C-Dur		285 D
			Phantasia	C-Moll		475
			Sonate	C-Moll		457
			Thema	F-Dur		54
			Menuett	F-Dur		2
			Klavierstück	B-Dur		15
			Sonate	G-Dur		283
	Mozart, Leopold	1719-1787	Vater von W.A. Mozart			
B23 S			Konzert Solotrompete, 2 Hörner, Frau C, D. Reinhart, Münchner Phil.	D-Dur		
30			Sinfonie	G-Dur		
44			Divertimento	B-Dur		BS
46			Divertimento	D-Dur		

Ort	Komponist	gelebt von/bis	Stück	Dur/Moll	Verz.	Bem.
CD-Li	Mozart, Leopold		Konzert Sinfonia da Caccia für 4 Hörner	G-Dur		
84	Mareau, Marin		Le foliet de e´spanie für Flöte			
B3	Martini, G.B.	1706-1784	Toccata			
80	Matteis, Nicola	17. Jahrh.	Suite in E für Violine und Basso Kontinuo, aus The Kingston Musik			
39	Mao, Anton		Sinfonia	C-Moll	Nr. 4	
CD-H	Mendelssohn Bartholdy, Felix	1809-1847	Violinkonzert	E-Moll	Op. 64	
30			Jugendsinfonie	D-Dur	Nr. 2	
47			Jugendsinfonie		Nr. 9	
Pl			Die Italienische	A-Dur	Op.90, Nr. 4	
Pl,1,19			Konzert für Violine	E-Moll	Op. 64	BS
9			Sonate für Cello, Klavier	D-Dur		
14			Oktett für Violine	E-Dur	Op.100	

Ort	Komponist	gelebt von/bis	Stück	Dur/Moll	Verz.	Bem.
34	Mercadante, Saverio	1795-1870	Sinfonie über Sabbat Marta von Rossini			
78			Konzert für Flöte und Orchester	D-Dur		
61	Mirjewski, Adam		Zwei Cancomen			
B 27	Molter	1695-1765	Konzert Azur, Klarinette			
57	Monn, Mathias G.	1717-1750	Konzert	B-Dur		
			weiter Cello Konzert	G-Moll		
103			Sinfonia	H-Dur		
38	Muffat, Georg	1653-1704	Sonata	E-Moll	Nr. 4	
59			Concerto Grosso	A-Dur	Nr. 2	
77	Neefe, Christian Gottlob	1784-1798	Variationen aus dem Priestermarsch der Zauberflöte			
CD-Li	Pachelbel		Canon Gigue			

Ort	Komponist	gelebt von/bis	Stück	Dur/Moll	Verz.	Bem.
	Paganini, Niccolo	1782-1840	Violinkonzert	D-Dur	Op. 6, Nr. 1	
B 3			Violinkonzert	H-Moll	Op. 7, Nr. 2	
B 21			La Camanella für Violine und Orchester			
B21			L Prima Vera (Frühling) Sonate für Violine und Orchester	A-Dur		
B 23 S			Für Violine und Orchester	A-Moll	Nr. 5	
			Ma estosa Sonata sentimentale Salvatore Accardo Violine London Phil.			
			Hymne Joseph Haydns, Gott erhalte Franz der Kaiser			
	Pisendel, Johann Georg	1687-1755	Konzert Violine, Streicher, Bass, Konzert in D	Es-Dur		
B 4	Purcell, Henry	1659-1695	Trompet Voluntry			
40			Suite für Orchester The guardian Nut			
50			Suite aus "The married beau"			
95			Sonate für Streicher	D-Dur		
B 28	Quantz, Johann Joachim	1697-1773	Flötenkonzert	G-Dur		

Ort	Komponist	gelebt von/bis	Stück	Dur/Moll	Verz.	Bem.
63	Quantz, Johann Joachim		Flötenkonzert	E-Moll		
83			Konzert für Flöte und Streicher	G-Dur		
CD-Li	Rignini, Vincenzo	1756-1812	Oboen Konzert	C-Dur		
46/83	Rossini, Gioacchino	1792-1868	Sonata a Quattro	G-Dur	Nr. 1	
				A-Dur	Nr. 2	BS
97				C-Dur	Nr. 3	
50/58			Introduktionen für Klarinette	C-Dur		
68			Sonata a Quattro	S-Dur	Nr. 5	
73			Serenade	S-Dur		
73			Sonata	G-Dur	Nr. 1	
73			Quartett für Flöte aus der Ouvertüre zum Barbier von Sevilla	F-Dur		
			Serenata per piclo complesso	S-Dur		
			Sonata a Quattro für 2 Violinen	G-Dur	Nr. 1	
82	Rossi, Michelangelo		Toccata für Cembalo D-Moll			

Ort	Komponist	gelebt von/bis	Stück	Dur / Moll	Verz.	Bem.
102	Rosemüller, Johann		Sonate	C-Dur	Nr. 4	
B 27	Rolla, Alessandro	1757-1841	Konzert für Basset Horn	F-Dur		
60	Rohmann, Johann Helmich		Sonate für Flöte	D-Dur		
104	Robischeck, Jean Hugo		Quasi una Phantasia für Klavier	B-Moll	Op. 20	
B 15	Riciotti		Concertino	G-Dur	Nr. 1	
77	Rejcha, Antonin	1770-1836	Quintett	S-Dur	Op. 88 Nr. 2	
96	Reichardt, Johann Friedrich		Konzert Hammer Klavier	G-Moll		
104	Reicha, Antoine		Trio für Horn	E-Moll	Op. 83	
80	Rameau, Jean Philippe	1683-1764	Suite Poera Ballet L'Enfant gallant		Nr. 1	

Ort	Komponist	gelebt von/bis	Stück	Dur/Moll	Verz.	Bem.
60	Rameau, Jean Philippe		Saint Piece de Passand			
90			Konzert		Nr.3	
B 5	Rachmaninow, Sergey	1873-1943	Klavierkonzert	C-Moll	Nr. 2	
94	Salieri, Antonio		Konzert Violine Oboe	D-Dur	Nr. 3	
32	Samartini, Jovanni Batista	1700-1775	Sinfonie	G-Dur		
83	Samartini, Joseppe		Konzert	G-Moll	Nr. 8	
88			Konzert für Viola	C-Dur		
63	Scarlatti, Alessandro	1660-1725	Patita	D-Moll		
80			Sonate Paul Patrik Verzeichnis	F-Dur		PP 162
80			Sonate	C-Dur		PP 132
90			Quartettino Blockflöte, Oboe	F-Dur		

Ort	Komponist	gelebt von/bis	Stück	Dur/Moll	Verz.	Bem.
90	Scarlatti, Dominico	1685-1757	Concerto Grosso	A-Dur	Nr. 1	BS
65			Concerto Grosso	D-Moll	Nr. 3	
87			Concerto Grosso	D-Dur	Nr. 6	
91			Concerto Grosso	E-Moll	Nr. 8	
90			Sonate	B-Dur		P.V. 529
B 5	Saint Saens, Camille	1835-1921	Konzert für Harfe und Orchester	G-Dur	Op. 159	
B12/92			Introduktion und Rondo pricioso violine		Op. 28	
B 12			Havanaise Kubanischer Tanz		Op. 83	
B 17			Karneval der Tiere			
68			Introduktion und Rondo			
57	Schaffrath, Christoff	1709-1763	Konzert	A-Moll		
18	Schubert, Franz	1797-1828	Sinfonie	D-Dur	Nr.1	
18			Tragische Sinfonie	C-Moll	Nr. 4	
61, 18			Sinfonie	B-Dur	Nr. 5	BS 485
			Unvollendete Sinfonie	H-Moll	Nr. 8	

Ort	Komponist	gelebt von/bis	Stück	Dur/Moll	Verz.	Bem.
	Schubert, Franz			C-Dur	Nr. 9	
			Klaviersonate	A-Dur		BS 959
58			Ouvertüre	D-Dur	Nr. 1	BS 590
70			Divertimento		Po. 84 Nr. 2	BS 823
34,51, 61			Violinkonzert	D-Dur		BS 345
75, 88						
CD-Li			Symphonie 5 D + 85 u. 8 D Unvollendete		759	
B2, 17	Schumann, Robert	1810-1856	Frühlingssymphonie 3. Satz			
			Konzert für Traversflöte			
			Kinderszenen		Po. 15	
B 21			Klavierkonzert	A-Moll	Op. 54	
			Cellokonzert	A-Moll	Op. 129	
CD-Li			Klaviersonate	F-Moll		
			Arabeske	C-Dur	Op. 18	
			Waldzenen		Op. 82	
B 17	Schwindel, Friedrich		Konzert für Traversflöte	D-Dur		

Ort	Komponist	gelebt von/bis	Stück	Dur / Moll	Verz.	Bem.
60	Schwarzkopf, Theodor		Ouvertüre für Trompete	C-Dur		
60	Stamitz, Carl	1745-1801	Sinfonia	D-Dur	Nr. 19	
B 10			Sinfonia concert ante für Violine, Viola, Orchester	D-Dur		
B 27			Konzert für Klarinette	Es Dur		
105			Orchester Quartett	F-Dur	Op. 4, Nr. 4	
38, 61			Orchester Quartett für Violine	G-Dur		
85, 64			Konzert für Flöte	G-Dur	Op. 29	
100			Konzert Klarinette	B-Dur		
64			Flötenkonzert	G-Dur	Op. 29	
92	Stamitz, Johann Anton Wenzel		Konzert für Flöte	C-Dur		
103	Starzer, Josef		Divertimento	C-Dur		
72	Stradella, Alessandro	1644-1682	Sonate für Trompete	D-Dur		
CD-Li			Sinfonie zu drei für Streicher und Cembalo	D-Dur		

Ort	Komponist	gelebt von/bis	Stück	Dur/Moll	Verz.	Bem.
B3	Strauss, Richard	1864-1949	Hornkonzert Csárdás aus Ritter Pasman	S-Dur		
104			Rosen aus dem Süden			
55	Strauss, Johann (Vater)	1804-1849	Rosen aus dem Süden Walzer,			
			Rosenkavalier Ausschnitt 1. u. 2. Akt			
			Walzer Spährenklänge		Op. 235	
B 14	Tapray		Konzert Sinfonie Cembalo Klavier		Op. 9	
97	Tartini, Giuseppe		Konzert Cello	A-Dur		
51, 85	Telemann, Georg Philip	1681-1767	Trio aus 1. Teil Tafelmusik	S-Dur		
42			Ouvertüre 3. Teil Tafelmusik			
44			Violinkonzert	G-Dur		
44			Sinfonie	F-Dur	Nr. 6	
59, 100			Konzert für Trompete	D-Dur		
80			Konzert für Flöte	E-Moll		
			Konzert Violine und Orchester	D-Dur		

Ort	Komponist	gelebt von/bis	Stück	Dur/Moll	Verz.	Bem.
93	Telemann, Georg Philip		Konzert	B-Dur		
58			Ouvertüre	G-Dur		
13, 3			Ouvertüre	F-Dur		
41			Ouvertüre	D-Dur		
B 4			Trompetenkonzert	D-Dur		
63			Ouvertüre La Changement	G-Moll		
B 3			Tempo Justo aus Sonate	G-Moll		
40			Flötenkonzert	A-Moll		
33			Flötenkonzert	E-Dur		
36			Flötenkonzert	D-Dur		
CD-Li			Konzert D-Dur 3 Corti und Streicher	D-Dur		
			Drei Darmstatt Ouvertüren	C-Dur		
			Suite	A-Moll		
			Viola Concert	G-Dur		
			Quartett Tafelmusik 1	D-Dur		
			Sonate 2 Flöten	B-Moll	Op. 2, Nr.5	
			Ouvertüre Darmstadt	D-Dur		
			Trompetenkonzert	D-Dur		

Ort	Komponist	gelebt von/bis	Stück	Dur/Moll	Verz.	Bem.
	Telemann, Georg Philip		Suite La Changeante			
			Tafelmusik 2	D-Dur		
			Trompetenkonzert	E-Moll		
			Hornkonzert für 3 Hörner	D-Dur		
44			Violinkonzert	G-Dur		
			Sinfonie	F-Dur	Nr. 6	
59			Konzert für Trompete	D-Dur		
80			Konzert für Flöte	E-Moll		
95			Konzert für Oboe	F-Moll		
CD-Li			Konzert Violine, Oboe, Horn	F-Dur		
			Konzert Blockflöte, Fagott, Streicher	F-Dur		
			Hronkonzert	D-Moll		
97	Torelli, Giuseppe	1658-1709	Sonate	A-Moll		
CD-Li			Sonate zu 5 Konzert für Trompete	D-Dur	Nr.1	
57	Thoma, Mathias		Partita	A-Dur		

Ort	Komponist	gelebt von/bis	Stück	Dur/Moll	Verz.	Bem.
	Tschaikowsky, Peter	1840-1893	Serenade Streichorchester	C-Dur	Op. 48	
102	Tscherny, Karl		Rondino sur en motive de Heyden für Klavier		Op. 99	
31	Verschragen, Gabriele		Drei flämische Tänze			
41,C D-H	Vieuxtemps, Henri	1820-1881	Violinkonzert Gretry	A-Moll	Op. 37, Nr.5	
67	Vivaldi, Antonio	1678-1741	Konzert für Violine aus den Vierjahreszeiten	F-Moll	Op. 8, Nr. 4	
24			4 Jahreszeiten		Op. 8, 1-4	PV 241, 336,
						257, 442
			Konzert für 2 Violinen und Laute	D-Dur		93
48			Konzert Die Nacht	B-Dur	Nr. 1	
74			La notte	G-Moll	Op.. 10, Nr. 2	
84				A-Dur		
84, 100			Trio für Flöte	A-Moll		
12			Concerto Grosso	H-Moll	Op. 3, Nr. 10	

Ort	Komponist	gelebt von/bis	Stück	Dur/Moll	Verz.	Bem.
15	Vivaldi, Antonio		Concerto Grosso	F-Dur		
13			Concerto grosso viola da more	D-Dur		
12, 86			Concerto grosso viola da more	D-Moll	103	
12			Concerto Grosso Horn und Streicher	F-Dur		
12			Concerto Grosso Flöte	F-Dur		
12			Concerto Grosso	A-Moll	Op. 3, Nr. 8	
43			Concerto Grosso	C-Moll		
4			Concerto Grosso Trompete			
3			Concerto Grosso Trompete Allegro		Nr. 3	
Pl			L'estro Armenico Concert Violine Cello			
46			Konzert Violine Gitarre	G-Moll		BS
62			Konzert Blockflöte	D-Dur	Op. 10, Nr. 3	
89			Konzert für Piccolo Flöte	C-Dur		BS
90			Konzert für Violine	G-Moll	Op. 12, Nr. 3	
101			Concerto in due Cori			BS
104			Konzert 2 Blockflöten	D-Moll		
105			Sonate für Flöte und Laute	F-Dur		
100			Flötenkonzert	A-Moll		
CD-H			Vierjahreszeiten			

Ort	Komponist	gelebt von/bis	Stück	Dur/Moll	Verz.	Bem.
	Vivaldi, Antonio		Frühling	E-Dur		269
			Sommer	G-Moll		315
			Herbst	F-Dur		293
			Winter	F-Moll		297
			Flötenkonzert	D-Dur	Op. 10, Nr.3	
			"Il gardelino"			
			Flötenkonzert	C-Dur		443
			Flötenkonzert	F-Dur	Op. 10, Nr. 5	
				C-Dur		444
			Flötenkonzert	C-Dur		
			Flötenkonzert "La notte"	G-Moll	Op. 10, Nr. 2	439
			Violinkonzert	Es Dur	Op. 8, Nr. 5	
			La tempesta die mare			
CD-Li			Concerto per archi			
			RV 159,153,121,129,154,115,143,141,120,156,158,123			
CD-Li			Concert für Streicher und Cembalo			
			Symphonie	E-Moll	Op. 98, Nr. 4	
			Ungarische Tänze 1 und 2			

Ort	Komponist	gelebt von/bis	Stück	Dur/Moll	Verz.	Bem.
	Vivaldi, Antonio		Mandolinen Konzert	C-Dur		RV425
			Konzert für 2 Trompeten	C-Dur		RV 537
			Konzert für Trompete und Violine	B-Dur		
			Concerto Grosso			
			RV 562 a, 566, 569, 540, 561, 413, 553			
CD-Li			Konzert	F-Dur	Op. 10, Nr. 1	RV 433
CD-Ho			La temperata di mare			
			Konzert	G-Moll	Op. 10, Nr. 2	RV 439
			La notte			
			Konzert	D-Dur	Op. 10, Nr. 3	RV 428
			Il gardelino			
			Konzert	F-Dur	Op.10, Nr. 5	RV 434
			Konzert	G-Dur	Op. 10, Nr. 6	RV 437
			Konzert	A-Moll		RV 440
CD-H			Fagott Konzerte	F-Dur		RV 485
			Fagott Konzerte	B-Dur		RV 503
			Fagott Konzerte	Es-Dur		RV 483
			Fagott Konzerte	A-Moll		RV 497
			Fagott Konzerte	C-Dur		RV 473

Ort	Komponist	gelebt von/bis	Stück	Dur/Moll	Verz.	Bem.
	Vivaldi, Antonio		Fagott Konzerte	G-Dur		RV 492
			Violinkonzert	B-Moll		RV 386
			Violinkonzert	D-Moll		RV 235
			Violinkonzert	F-Dur		RV 296
			Violinkonzert	E-Dur		RV 258
			Violinkonzert	B-Moll		RV 389
			Violinkonzert	E-Dur		RV 251
CD-H			Violinkonzert La caccia	D-Dur	Op. 8, Nr. 10	
			Violinkonzert	D-Moll		RV 565
			Violinkonzert	A-Dur		RV 552
			Violinkonzert "Il piacere"	C-Dur	Op. 8, Nr. 6	
			Violinkonzert " per Pinsendel"	D-Moll	Op. 8, Nr. 7	
			Streichkonzert	C-Dur		RV 113
			Streichkonzert	C-Moll		RV 119
			Streichkonzert	D-Dur		RV 121
			Streichkonzert	D-Moll		RV 128
			Streichkonzert	E-Moll		RV 133
			Streichkonzert	F-Dur		RV 137
			Streichkonzert	F-Dur		RV 141

Ort	Komponist	gelebt von/bis	Stück	Dur/Moll	Verz.	Bem.
	Vivaldi, Antonio		Streichkonzert	G-Dur		RV 150
			Streichkonzert	G-Moll		RV 154
			Streichkonzert	G-Moll		RV 157
			Streichkonzert	A-Dur		RV 160
			Streichkonzert	B-Dur		RV 166
			Trompetenkonzert	C-Dur		RV 537
			Mandolinen Konzert	C-Dur		RV 425
			Oboen Konzert	G-Moll		RV 460
			Flötenkonzert	A-Dur		RV 585
			Oboen Konzert	C-Dur		RV 447
			Oboen Konzert	B-Dur		RV 479
			Flötenkonzert			RV 162
90	Viviani, Giovanni	1638-1692	Buonaventura Sonata prima für Trompete und Orgel	C-Dur	Op. 4, Nr. 1	
CD-Li			Sonate für Trompete	E-Moll		
49	Viacini, Giovanni Battista		Violinkonzert	A-Moll	Nr. 22	

Ort	Komponist	gelebt von/bis	Stück	Dur/Moll	Verz.	Bem.
35	Vincence, Frantisek		Serenade	C-Moll		
51	Viotti, Giovanni Battista	1755-1824	Konzert für Flöte	A-Dur		
74			Konzert für Violine und Orchester	A-Moll	Nr. 22	
			weitere: Violinkonzert	E-Moll	Nr. 16	
				H-Moll	Nr. 24	
41	Vanhall, Johann Batist	1739-1813	arbeitete mit v.Ditterdorf, Sinfonia	F-Dur		
103			Sinfonia	G-Moll		
B 15	Veracini	1650-1733	Streichorchester			
14, 43	Wagenseil, Georg Christoph	1715-1777	Konzert für Harfe und Orchester	G-Dur		
32			Konzert für Violine und Cello	A-Dur		
44			Posaunenkonzert	S-Dur		
48			Sinfonie	D-Dur		
CD-Li			Konzert flat	E-Dur		

Ort	Komponist	gelebt von/bis	Stück	Dur/Moll	Verz.	Bem.
93	Wassenahr, Graf von Unico Wilhelm		Konzert Violine Pergoresi	G-Dur	Nr. 2	
68			Konzert aus Concerto armonici	F-Moll	Nr. 4	
96			Konzert	S-Dur	Nr. 6	
30	Weiss, Silvius Leopold	1686-1730	Suite für Laute	F-Moll	Nr. 17	
43	Zelenka, Jan Dismas	1649-1745	Capriccio 1	D-Dur		
68			Capriccio 2	D-Dur		
43	Zimmermann, Anton	1741-1781	Sinfonie (war Joseph Heyden zugeschrieben)	C-Dur		

Literatur

Baumgartner, Alfred (1981): **Alte Musik** *1981, Fünf Bände, Kiesel Verlag, Salzburg*

*Bindel, Ernst (1980): „***Die geistigen Grundlagen der Zahlen***", Stuttgart.*

Bühler, Walther (2001): **Das Pentagramm und der Goldene Schnitt als Schöpfungsprinzip***, Verlag Freies Geistesleben*

Charpentier, Louis: **Das Geheimnis der Kathedrale von Chartres***, Knauer Taschenbuch*

Caspar, Prof.: **Keppler Biographie**

Denison, Isa (2004): **Der göttliche Code** *Entstehung der Runen vor 250 000 Jahren. Vorbild ist das Eiskristall. Runen der EDDA, Govinda Verlag Jestetten*

Eichler Richard W. (1968): **Viel Gunst für schlechte Kunst***, Lehmanns Verlag (Kunstförderung nach. 1945)*

Eichler Richard W. (1978): **Könner, Künstler, Scharlatane** *- Was ist gute Kunst, und was ist gar eine Kunst?, Verlag Amalthea, Wien*

*Fölsing A. (1983):***Galileo Galilei Prozess ohne Ende***, Piper Verlag*

*Fischer, Michael (1998): „***Da berühren sich Himmel und Erde"** *Musik und Spiritualität, Benzinger Verlag Zürich, Düsseldorf*

Gorsleben, Rudolf John (1923): **Hoch-Zeit der Menschheit** *Entstehen-Sein-Vergehen, Ursprache-schriftglaube, Koehler Verlag Leipzig, Reproduktion: Burkhard Weeke Mittelstr.51 3285 Horn Bad Meinberg Tel. 05234-3780*

Henning, Herbert, Wolfram Eid, Christian Hartfeldt (2002): **Mathematik in der Welt der Töne**, *Technical Report Nr. 3/02, Fakultät für Mathematik, Universität Magdeburg*

Hesse, Hermann (1972): **Das Glasperlenspiel**, *Suhrkamp Taschenbuch*

Hofstadter, Douglas (1986): **Übereinstimmungen der Ideen des Philosophen Gödel dem Maler Escher und dem Komponisten J.S. Bach**, *Ein endloses geflochtenes Band. 844 Seiten, Klett Cotta Verlag.*

Lorenz, K. (1983): **Das Wirkungsgefüge der Natur**, *Piper Verlag, München*

Mayer, Hans, Winklbauer, Günther (1985): **Biostrahlen -** *Woher sie kommen, was sie tun, wie sie wirken, Der Mensch im Strahlungsfeld von Kosmos, Erde und Umwelt, Orac Verlag, Wien*

Missbach, Wochenbrief **Vertrauliche Mitteilungen**, *Bücken*

Mountbatten-Windsor, Charles (2010): **Harmonie**, *320 Seiten. Eine neue Sicht unserer Welt, Riemann Verlag, München*

Pinner, Reiß: **Über die bildende Kunst** Wolfram Pinner J. Reiß, 86845 Großaitingen, Lindenweg 2, Pröll-Druck, Augsburg

Schintling-Horny, Volker Lüdeke von (2003/2007): **Der Bien im Siebenstern**, Kreisaufstellung der Bienenstöcke harmonisiert die Erde und verhindert Milbenbefall tredition-Verlag Hamburg, ISBN 978-3-8495-7665-3

Schintling-Horny, Volker Lüdeke von: **Gute Gedanken aufgelesen**, 400 Seiten, Kunst, Politik, Familie, Naturkundliches, Benker, Weisheiten, Roman Verlag , 01587 Riesa

Stöhr, Manfred (2012): **Der Mensch ist mehr als sein Gehirn** Hirnforschung und Geistesfreiheit Verlag: Via Nova Petersberg

Walter, Meinhard (1999): „**Ein Hauch der Gottheit ist Musik**" Gedanken großer Musiker, Benzinger Verlag Zürich, Düsseldorf

Die Buchdruckerei
Verlagshaus & Druckerei
Äußere Speicherstraße 1 • 01587 Riesa
Tel. 0 35 25 / 51 07 15 • Fax 0 35 25 / 51 07 27
www.romanverlag.de • anfrage@romanverlag.de

Gute Gedanken aufgelesen
396 S. / 2008   29,90 €
Kunst, Politik, Familie, Benker, Weisheit

Der Bien im asymmetrischen Siebenstern
61 S. / 2003   9,90 €
Kreisaufstellung der Bienenvölker, Harmonisierung der Erde

Weltenwissen
83 S. / 2010   10,90 €
Jede Aussage ist mit Muskeltest, Gefühl oder Traum abrufbar

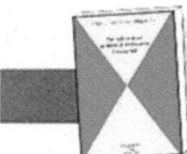

Das Leben eines immerfort strebenden Lausbuben
376 S. / 2009   29,90 €
in Wort und Bild. Meine Lebenserinnerungen

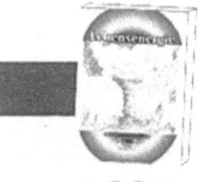

Lebensenergie   22,90 €
206 S. / 2010
Gymnastik, Lebensmittel, Wasser, Sonne, Energietag

Naturkundliches   22,90 €
196 S. / 2004-2009
Ernährung, Bäume, Wasser, Licht

www.romanverlag.de/shop